AI 인공지능
시리즈

돈이 되는
AI 영상 만들기

AI 영상으로 수익 내는 방법과 제작 꿀팁 노트

심동엽(Shim Yup) 저

VIELBooks
비엘북스

돈이 되는 AI 영상 만들기

2025년 3월 18일 1판 1쇄 인쇄
2025년 3월 26일 1판 1쇄 발행

지은이 심동엽 (Shim Yup)
펴낸이 김종원
펴낸곳 비엘북스

주소 경기도 고양시 일산동구 중앙로 1079, 624호 비엘북스
전화 031-817-3606
팩스 02-6455-3606
등록 2009년 5월 14일 제 313-2009-107호
출판사 홈페이지 https://vielbooks.com
저자 문의 shimyup@gmail.com
도서 문의 vielbooks@vielbooks.com

ISBN 979-11-86573-80-8(13000)
정가 22,000원

이 책을 만든 사람들
기획·진행 비엘플래너스
교정·교열 비엘플래너스
편집디자인 비엘플래너스

Copyright © 2025 by 심동엽. All Rights Reserved.
First edition Printed 2025. Printed in Korea.

이 책의 어느 부분도 저작권자나 비엘북스 발행인의 승인 문서 없이 일부 또는 전부를 사진 복사나 디스크 복사 및 기타 정보 재생 시스템을 비롯하여 현재 알려지거나 향후 발명될 어떤 전기적, 기계적 또는 다른 수단을 통해 복사, 재생하거나 이용할 수 없음.

[일러두기]
이 책에서 소개된 AI로 생성된 그림들은 교육적인 목적의 일환으로 사용한 것입니다.
특정 상품, 작가의 작품 및 저작권, 초상권 등을 침해하려는 의도가 없음을 밝혀둡니다.

돈이 되는 AI 영상 만들기

저자의 말

대학에서 광고를 전공한 뒤 호주로 건너가, 'Film & Digital Image'와 'Screen'을 전공하며 다양한 단편 영화 제작과 참여해 영상학적 소양을 쌓았습니다. 이후 한국과 호주를 오가며 사진·영상 전문 프로덕션을 운영하며, 패션과 광고 분야에서 전문적인 경험을 축적해 왔습니다. 또한 최근까지 MCN 회사의 CCO로 근무하며, 트렌드의 중심에 있는 숏폼 및 롱폼 콘텐츠를 총괄 감독으로 기획·제작하면서 영상 콘텐츠 산업 전반을 경험했습니다. 그리고 이러한 여정 속에서 AI라는 새로운 시대를 맞이하게 되어 또다시 도전의 시기를 맞이했습니다.

처음 AI를 접했을 때는 호기심과 동시에 두려움도 컸습니다. 아름답고 자연스러우면서도 실제와 구별하기 어려운 퀄리티의 콘텐츠를 만들어내기 위해 수많은 시행착오를 겪기도 하였습니다. 그러나 AI 기술의 무한한 가능성을 확인할수록 더욱 깊이 몰입하게 되었고, 오랜 영상 제작자로서의 경험과 노하우가 AI 기술과 만나면서 이전에는 상상조차 할 수 없던 수준의 작품을 만들어낼 수 있게 되어 광고·전시회 등 다양한 프로젝트에서 성과를 인정받았습니다. 현재는 패스트캠퍼스 등의 교육 플랫폼을 통해 AI 영상 제작 관련 강의를 진행하면서 이 분야에서 전문성을 더욱 키워 가고 있습니다.

하지만 AI 작업을 지속하면서 늘 마음 한편에 자리 잡고 있던 고민이 있었습니다. '과연 AI를 활용해 장기적으로 지속 가능한 수익을 창출할 수 있을까?' 특히 이미 영상 제작자로 활동 중인 전문가들과 교류하면서, AI 콘텐츠의 가능성은 인정하면서도 명확한 수익화 전략을 세우지 못해 어려움을 겪는 사례를 자주 접했습니다. 영상의 품질을 높이는 데에는 성공했지만, 그것을 실질적인 비즈니스 모델로 연결하는 과정에서 많은 전문가들이 막연함을 느끼고 있었습니다. 이러한 현실을 마주하며, 이제 막 AI 제작을 시작하는 분들 또한 수익화에 대한 고민이 깊을 것이라 생각했습니다.

이번 책을 통해 제 경험을 좀 더 구체적이고 체계적으로 전달하고자 마음 먹었습니다. AI를 어떻게 활용하면 영상 제작의 완성도와 수익성이라는 두 가지 목표를 동시에 만족시킬 수 있는지에 대한 다양한 노하우와 전략을 이 책에 담았습니다. 독자 여러분이 AI 기술을 보다 쉽게 이해하고, 구체적인 수익 모델과 제작 프로세스를 익혀 나갈 수 있도록 세부적이고 실용적인 팁을 정리했습니다.

　이 책이 어떤 분들에게는 AI 기술적 측면에서 실질적인 도움이 되고, 또 어떤 분들에게는 AI를 활용한 안정적이고 현실적인 수익 창출의 기회가 되기를 진심으로 바랍니다. 처음으로 책을 집필하다 보니 부족한 점도 있겠지만, 이 책이 여러분의 AI 영상 제작 여정에서 작은 디딤돌이 되고, 새로운 도전을 시작하는 데 있어 든든한 동반자가 되기를 바랍니다. 마지막으로, 이 책을 선택해 읽어 주신 모든 분께 진심으로 감사드립니다.

2025년 3월
심동엽 드림

AI 영상, 단순한 트렌드가 아니라, '돈이 되는' 시장을 찾아간다

최근 몇 년 사이, 영상 콘텐츠의 소비 방식이 빠르게 변화하고 있습니다. 텍스트보다 영상이 더 강력한 전달력을 가지게 되면서 유튜브, 틱톡, 인스타그램을 중심으로 숏폼 콘텐츠가 폭발적으로 성장했습니다. 이와 함께 AI 영상 제작 기술이 발전하면서 이제 누구나 AI를 활용해 영상을 만들 수 있는 시대가 되고 있습니다.

과거에는 전문적인 장비와 편집 기술이 필요했던 영상 제작이 이제는 AI를 활용해 단 몇 분 만에 가능해졌습니다. 텍스트에서 영상을 만들어주는 Text-to-Video(T2V), 이미지를 영상으로 변환하는 Image-to-Video(I2V), 기존 영상을 새롭게 변형하는 Video-to-Video(V2V) 기술이 등장하며 영상 제작의 패러다임이 완전히 바뀌고 있다. AI는 더 이상 단순한 도구가 아니라, 크리에이터의 생산성을 극대화하는 강력한 파트너가 되었습니다.

이제 어떤 영상을 만들어야 사람들이 관심을 가질지, 어떻게 AI 영상을 차별화할지, 이를 통해 수익을 창출할 방법은 무엇인지에 대한 고민이 필요한 시점입니다. AI 기술을 활용한 영상 제작은 단순한 취미를 넘어, 실질적인 비즈니스로 확장될 가능성이 무궁무진한 분야이기 때문입니다.

이 책에서는 돈이 되는 AI 영상제작에 필요한 5가지 전략을 제시합니다. 영화제 및 공모전 수상, 교육다큐 분야 제작, 광고 프로덕션, 뮤직비디오의 음원화, 영상변환 서비스 등 AI 영상에 대한 막연한 기대나 감탄을 넘어, 실제 수익화로 이어질 수 있는 방향을 제시합니다.

AI 영상 시대는 더 이상 먼 미래가 아닌, 누구나 탐구하고 개척할 수 있는 무한한 가능성의 영역임을 잊지 말고 도전해 보시기 바랍니다. 창의적인 스토리와 탄탄한 기획력 위에 AI 기술을 접목한다면, "누구나 만드는 AI 영상"을 넘어 "돈이 되는 AI 영상"으로 나아가는 길을 스스로 개척하며 새로운 기회와 성취를 얻을 수 있을 것입니다.

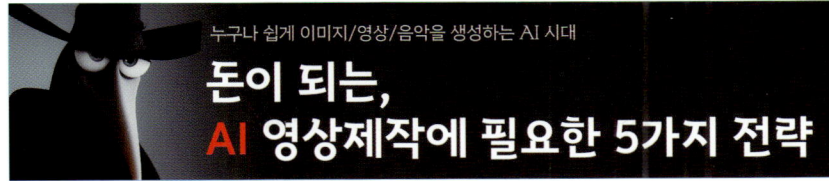

돈이 되는, AI 영상제작에 필요한 5가지 전략

누구나 쉽게 이미지/영상/음악을 생성하는 AI 시대

1. **AI 감독이 되라, 상금은 보너스!**
2. **다큐와 교육 영상, 데이터를 공략하라!**
3. **광고주가 다시 찾는 1인 광고 프로덕션**
4. **계속 보고 싶은 뮤직비디오 맛집**
5. **멈춰진 시간을 깨우다, 영상 변환 서비스**

저자가 직접 제작한 주요 AI 영상 작품 (QR 코드로 감상하세요)

목차

Part_01 누구나 만드는 AI 영상, 이제는 돈이 되는 영상을 만들자. 12

1. 들어가며 14
1) 왜 하필 'AI 영상'인가? 16
2) AI 영상, 그 시작의 고민과 기회! 17
3) '수익화 가능한' AI 영상 장르를 찾으려면? 18
4) 책에서 다루는 이야기들 20

Part_02 돈이 되는 영상, 제작준비부터 편집과 꿀팁까지! 22

1. AI 영상 생성 방법 24
1) T2V - Text to Video 25
2) I2V - Image to Video 28
3) V2V - Video to Video 29

2. 카테고리별 AI 생성 플랫폼 종류 33

3. AI 영상 제작의 준비 34
1) AI는 영감을 먹고 자란다! 35
2) 제작 프로세스 전반 이해하기 37
3) 초보자를 위한 구체적 접근법 39
4) GPT 와 레퍼런스 이미지를 활용한 제작 준비 44
5) 기획부터 편집까지, AI가 알아서 다 해준다고? 52
　　[꿀팁]영화 프롬프트 제작 시 GPT 활용, 이렇게 하면 좋다　55
6) 효과적인 AI 영상제작 프로세스 58

4. 돈이 되는 장르별 AI 제작 스킬 업!   60

1) AI 감독의 탄생, 상금은 보너스!   61
  - AI 영화제   63
  - 지자체 홍보 영상   64
  - 실제 제작 예시: 가상 영화제 출품   65

[영상 플랫폼(Runway, Kling, Hailuo 등) 사용하여 영상 클립 제작]   78
[꿀팁] 클링(Kling) 립싱크(Lipsync) 인식이 안 될 때 해결법   92

[영화 장르 영상 제작]   94
  - [영상 화면의 스케일을 이용하라]   95
  - [화면의 움직임을 이용하라]   98
  - [시선의 높이를 이용하라]   101
  - [화면구성을 활용하라]   104
  - [깊이감을 생성하라]   107
  - [적합한 영상의 톤 앤 매너를 선택하라]   110

AI 영화에 잘 어울리는 SREF 코드 모음   112

2) 다큐와 교육 영상, 데이터가 돈이 된다   114
  - AI가 낮춘 교육·다큐 영상의 진입 장벽   114
  - 정보 전달형 콘텐츠의 매력: '데이터'가 쌓인다   115
  - 콘텐츠와 관련한 전문 지식에 따른 메리트   115
  - 유튜브와 틱톡을 통한 수익화   116
  - 아이들을 위한 교육 영상 제작 프로세스   116
  - 교육·다큐 영상의 미래와 확장성   117
  - 롱폼과 숏폼 영상   118

[실제 영어동화 제작해 보기]   120
AI 동화에 잘 어울리는 P-CODE 및 SREF 코드 모음   132

3) 광고주가 다시 찾는 1인 광고 프로덕션	134
- 실제 외주 제작 노하우: AI 광고 외주 제작 프로세스	136
[실제 광고 영상 제작해보기]	138
# AI 광고에 잘 어울리는 P-CODE 및 SREF 코드 모음	150
4) 계속 보고 싶은 뮤직비디오 맛집	152
- AI 음원시장의 발전과 배경	152
[카페에서 듣기 좋은 음원 영상 만들어보기]	159
[꿀팁] 미드저니에서 이미지 관리 한번에 하는 방법	170
[MV(뮤직비디오) 영상 제작 팁]	174
- [캐릭터에게 VFX 효과를!]	174
- [영상 전반에 VFX 효과를!]	177
- [다양한 스타일의 영상 으로!]	178
- [시즌에 맞는 영상을 기획하라!]	179
#AI 뮤비에 잘 어울리는 SREF 코드 모음	180
5) 멈춰진 시간을 깨우다, 영상 변환 서비스	182
- 원하는 의상을 착장한 모델 영상 만들어 보기	184
- 사진으로 영상 만들기	192

5. AI 영상 제작 실전 팁　　　　　　　　　　　　　　　　196

1) 데이터를 못 다루면 AI는 잉크 없는 펜일 뿐	198
- AI 동영상 생성 플랫폼	204
- 올바른 BGM과 효과음 제작 방법과 영상 분위기 비교	215
2) AI 도구, 제대로 써야 고수가 된다	220

Part_03 AI 영상의 미래와 수익화 마케팅 전략　　　　　**230**

1. 영상 제작의 미래를 엿보다　　　　　**232**
1) AR · VR과의 융합, 그리고 무한 확장성　　　233
2) 글로벌 무대로의 확장　　　233

2. AI 영상을 수익화 하기 위한 마케팅　　　　　**234**
1) SNS 및 영상 플랫폼을 활용한 바이럴 마케팅　　　234
2) AI 영상 기반 서비스 및 수익 모델 구축　　　234
3) AI 영상이 필요한 확장된 산업에 집중 타겟팅　　　235

3. 창작의 경계를 넘어, AI와 함께 새로운 직업의 기회로!　　　　　**237**

01

누구나 만드는
AI 영상,

이제는 돈이 되는
영상을 만들자!

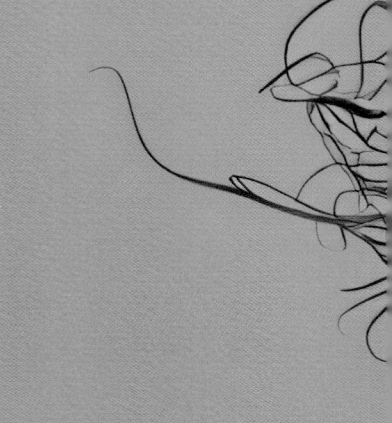

1. 들어가며

디지털 콘텐츠 시장은 끊임없이 변화하고 있습니다. 유튜브, 틱톡, 인스타그램 등 다양한 영상 플랫폼이 등장하면서, 누구나 영상을 통해 자신의 브랜드와 아이디어를 전 세계에 손쉽게 홍보할 수 있게 되었습니다. 하지만 경쟁이 치열해진 만큼 단순히 아름다운 영상이나 흥미로운 내용만으로는 눈에 띄기가 쉽지 않습니다. 사람들의 시선을 사로잡고 빠르게 가치를 창출하기 위해서는 '차별화 전략'이 필수적인 시대가 되었습니다. 바로 이 지점에서 인공지능(AI) 기술이 새로운 기회를 제공합니다.

2022년 말, OpenAI가 ChatGPT를 발표하면서 본격적으로 시작된 AI의 발전은 이미지·영상·음성 등 다양한 미디어를 빠르게 생성·변형하는 'AI 미디어 시대'를 열었습니다. 2023년부터 2024년 중반까지는 AI 이미지 생성 기술이 폭발적인 관심을 받으며 업계뿐만 아니라 일반 사용자들까지 '텍스트를 입력하면 자동으로 이미지를 생성하는 시대'가 도래했음을 실감했습니다. 2024년 중반 이후부터 마침내 AI 영상 생성 기술이 급격히 발전하며, 본격적인 AI 영상 시대로 전환되고 있습니다.

이 글을 읽고 있는 독자들 중 상당수는 이미 AI 이미지 생성 툴을 활용해 본 경험이 있을 것입니다. 그리고 이러한 경험을 바탕으로, "AI로 영상도 만들 수 있을까?"라는 호기심이 자연스럽게 생겼을지도 모릅니다. 단순한 시도를 넘어 AI 영상 제작을 직접 경험해 보고, 더 나아가 이를 수익화할 방법까지 고민하는 분들도 많을 것입니다. 아마도 이러한 기대와 목표를 품고 이 책을 펼치셨을 것입니다.

1. 왜 하필 'AI 영상'인가?

AI 영상은 기존의 영상 제작방식과 비교해서 몇 가지 장점을 가지고 있습니다.

첫째, 시간과 비용 절감이라는 이점이 있습니다. 예전에는 프로덕션을 구성하고 스튜디오를 대관하며, 전문 촬영·조명·연출 인력을 동원해 영상 하나를 제작하는 데 상당한 비용과 노력이 필요했습니다. 그러나 AI 모델을 활용하면 세트장이나 고가 장비 없이도 가상의 프로덕션을 이용해 다양한 환경에서 신속하게 장면을 생성하고 원하는 분위기로 수정할 수 있습니다. 촬영 시간을 단축할 수 있을 뿐만 아니라, 스케줄 조율 없이도 단 몇 시간 만에 프로토타입 영상을 제작할 수 있습니다. 이는 영상 제작 프로세스에서 획기적인 비용 절감을 의미합니다.

둘째, 콘텐츠의 확장성이 뛰어납니다. 하나의 원본 영상(또는 AI가 생성한 3D/2D 모델)을 다양한 버전으로 변형하거나, 여러 언어로 더빙해 글로벌 시장에 동시에 배포하는 것은 이제 하나의 기술적 옵션이 아닌 필수 경쟁력이 되어가고 있습니다. AI는 텍스트를 음성으로 변환하는 TTS(Text-to-Speech) 기능을 제공하거나, 기존 영상을 자동 번역해 자막을 입히는 등 '콘텐츠 현지화(Localization)'를 빠르고 저렴하게 처리해 줍니다. 덕분에 중소기업이나 개인 크리에이터도 적은 인력으로 충분한 국제 경쟁력을 확보할 수 있게 되었습니다.

마지막으로, AI 영상은 새로운 경험과 스토리텔링을 제공합니다. AI 기술은 미래지향적인 이미지를 제시한다는 점에서 매우 매력적입니다. 예를 들어, 가상 인플루언서처럼 존재하지 않는 인물이 생생하게 등장하는 영상은 호기심과 신선함을 불러일으킵니다. 실존하는 모델이나 배우와 관련된 다양한 문제를 피할 수 있다는 점은 마케팅 및 브랜딩 측면에서 강력한 이점이 됩니다. 더 나아가 기존 방식으로 표현하기 어려운 초현실적 컨셉이나 즉흥적으로 변화하는 사용자 맞춤형 인터랙티브 영상을 AI가 구현할 수 있어서 콘텐츠의 폭발적인 다양성을 이끌어내고 있습니다.

2. AI 영상,
그 시작의 고민과 기회

새로운 기술을 배우고 적용하는 과정은 늘 고민으로 가득합니다. '과연 이 기술로 무엇을 만들고 싶은지, 원하는 결과물을 어떻게 구현할지, 그리고 어떻게 수익화할 수 있을지'에 대한 막연한 의문이 생길 수밖에 없습니다. 저도 AI 영상 분야에 처음 발을 들였을 때 기존 촬영 현장에서의 경험을 AI 환경과 어떻게 접목해야 할지 막막했습니다. '사람이 배우고 익혀야 할 영역은 어디까지인지', 'AI가 대신 처리해 줄 수 있는 부분은 무엇인지' 등을 명확히 파악하기까지 꽤나 적지 않은 시행착오를 거쳤습니다.

그러한 시행착오를 거치며 분명해진 것은 AI가 제공하는 자동화와 편의성 그리고 끝없는 잠재력 덕분에 개인이 시도할 수 있는 기회와 범위가 이전보다 훨씬 넓어졌다는 점입니다. 과거에는 기업 차원에서 투자를 받거나 프로덕션 시스템을 갖춰야만 가능했던 영상 작업을 이제는 혼자서도 일정 수준까지 구현할 수 있게 되었습니다. 특히, AI 영상 제작 툴이 상상할 수 없을 정도로 빠르게 발전하고 있으며, 점점 더 사용자 친화적으로 변화하고 있어서 보다 짧은 학습 곡선만으로도 원하는 콘텐츠를 제작할 수 있게 되었습니다.

이러한 변화의 과정 속에서 누구나 한 번쯤은 '어떻게 하면 이걸로 돈을 벌 수 있을까?'라는 질문에 부딪히게 됩니다. 물론 자기만족이나 취미생활, 혹은 회사 내부 자료 제작처럼 금전적 이득을 목표로 하지 않는 경우도 많습니다. 상당수의 제작자는 "AI 영상 제작에 들이는 노력과 투자가 실질적인 수익으로 이어졌으면 좋겠다"라고 생각하고 있다는 점도 분명합니다. 이 책은 바로 그러한 분들을 위해 집필되었고, AI 영상의 수익화라는 관점을 중심으로 내용을 구성해 보았습니다.

3. '수익화 가능한' AI 영상 장르를 찾으려면?

이 책에서 본격적으로 다룰 여러 AI 사례를 살펴보기 전에, 먼저 어떤 영상 장르를 선택해야 할지 고민하는 분들이 많을 것이라 생각합니다. 일반적으로 영상 분야는 매우 광범위하므로 우선 자신의 흥미·전문성·목표 시장 등을 고려해 AI로 제작하고자 하는 영상 장르를 좁혀가는 것이 중요합니다.

현재 영상 시장에서 가장 보편적인 장르는 영화와 드라마(웹/TV)로 관람객에게 스토리텔링을 전달하는 데 중점을 둡니다. 이 장르는 대규모 제작비가 투입되는 프로젝트가 많으며 사실성과 정보 전달이 핵심인 다큐멘터리와 달리 극적인 연출이 강조됩니다. 30초 정도의 짧은 시간 안에 강한 인상을 남겨야 하는 광고 영상은 제품 판매와 직결되는 특성을 가집니다. 뮤직비디오는 아티스트의 고유한 음악 세계관을 영상으로 표현하는 장르이며, 2D 및 3D 애니메이션은 다양한 캐릭터와 세계관을 접목하여 제작하는 형태로 창의성이 많이 요구됩니다. 그 외에도 웨딩, 패션, 프로필 촬영 등 개인이나 소규모 브랜드의 의뢰를 중심으로 이루어지는 상업 영상 분야도 존재합니다.

이처럼 다양한 영상 장르 중에서 "지금 당장 AI를 활용해 제작하기에 접근성이 높고, 실제로 수익을 창출하기 쉬운 분야는 어디일까?"라는 궁금증이 생길 수 있습니다. 이에 대해, 제가 직접 제작자로서 경험한 바를 토대로 아래 다섯 가지 분야를 제시하고자 합니다.

[수익화로 전환하기 좋은 AI 영상 제작 시장]
1. 영상 / 광고 공모전
2. SNS / 숏폼 콘텐츠
3. 광고 제작 외주
4. 음원 제작 콘텐츠
5. 기타 영상 제작 서비스

예를 들어, 영화제나 지자체에서 개최하는 영상·광고 공모전은 AI 영상 제작 장르 중에서도 가장 긴 분량의 영상을 만들어야 하는 경우가 많습니다. 참신한 아이디어와 감각적인 연출이 핵심이므로 AI 합성 기술뿐만 아니라, 시나리오 작성, 촬영, 연출, 편집, 음향 등 다양한 역량이 요구됩니다.

SNS 및 숏폼 콘텐츠는 유튜브, 틱톡, 인스타그램 릴스, 유튜브 쇼츠 등을 통해 짧은 시간 안에 바이럴을 일으키기 좋은 채널입니다. 여기에 AI 기술을 활용해 독특한 소재나 이펙트를 삽입하면 더욱 쉽게 주목받을 수 있고, 다양한 정보성 콘텐츠를 제작하여 장기적인 수익화를 노려볼 수도 있습니다.

광고 제작 시장은 AI 영상을 통한 수익 창출이 활발하게 이루어지는 분야로 자리 잡고 있습니다. AI 제작 역량을 갖춘 크리에이터나 소규모 팀들은 빠르고 높은 퀄리티의 결과물을 제작할 수 있으며, 아직 TVCF 수준의 고퀄리티 광고 제작은 어렵지만 기존 광고 영상보다 합리적인 비용으로 제작이 가능합니다. 이를 통해 소상공인들에게 고객 맞춤형 영상을 제공할 수 있어 가격 경쟁력과 차별화된 품질을 동시에 확보할 수 있습니다.

음원 제작 콘텐츠 역시 간과하기 쉬운 분야이지만, 음악과 영상을 결합해 새로운 가치를 창출할 수 있는 흥미로운 영역입니다. AI 작곡·작사가 기술이 발전함에 따라, AI가 만든 음악에 AI 영상 효과를 결합해 새로운 형식의 뮤직비디오를 제작하는 시도도 가능합니다.

마지막으로, 기타 영상 제작 서비스 분야에서는 정지된 사진에 다양한 스토리를 접목하여 영상을 제작하는 시장이 활성화되고 있습니다. 이를 통해 패션, 개인 프로젝트 등 무궁무진한 아이디어가 현실화될 수 있으며, 틈새시장을 공략해 B2C(기업과 고객 간 거래)에서도 다양한 방식으로 시장이 확장되고 수익을 확보하는 사례가 늘어날 것으로 기대됩니다.

4. 책에서 다루는 이야기

본격적으로 본문을 시작하기에 앞서, 우리는 AI 영상이 실제로 어떻게 제작되는지를 먼저 살펴볼 것입니다. AI를 활용해 생성된 이미지를 영상으로 변환하는 방식, 텍스트 명령을 통해 영상을 생성하는 기법, 가상 모델을 제작하고 합성하는 기술이 어떻게 작동하는지를 이해하면, 이후 다양한 장르에 AI를 적용할 때 훨씬 수월하게 활용할 수 있습니다.

이후에는 앞서 간략히 언급한 다섯 가지 주요 AI 영상 분야를 중심으로, 실제 적용 방법과 활용 가능한 도구, 그리고 마케팅 및 수익화 전략을 구체적인 예시와 함께 살펴볼 예정입니다. 예를 들어, 공모전에 출품할 영상을 제작할 경우 강렬한 임팩트를 주는 스토리텔링이 왜 중요한지, SNS 숏폼 콘텐츠에서는 어떤 요소를 바이럴 포인트로 삼아야 하는지, 광고 외주 시장에서는 고객사의 니즈를 AI 기술과 어떻게 접목해야 하는지, 그리고 음원과 결합한 콘텐츠를 만들 때 어떤 요소에 집중해야 하는지를 현실적인 조언과 함께 다뤄보겠습니다.

또한, AI 기술이 빠르게 발전하는 만큼 저작권 및 윤리적 문제에도 주의가 필요합니다. AI가 학습하는 데이터의 출처, AI가 생성한 영상에서 특정 인물의 초상권이나 브랜드 로고를 허가 없이 사용할 경우 발생할 수 있는 법적 이슈들을 짚어보며, 이에 대한 해결 방안을 함께 모색할 것입니다. 더불어, 최신 AI 생태계(예: 다양한 모델, 오픈소스 프로젝트, 상용 플랫폼 등)에서 어떤 선택이 가장 안전하고 효율적인지에 대한 정보도 제공할 계획입니다.

마지막으로, AI 영상을 활용한 콘텐츠를 효과적으로 홍보하는 방법, 어떤 채널을 통해 판매하거나 협업을 진행할 수 있는지, 그리고 장기적으로 어떤 방식으로 포트폴리오를 구축해야 하는지를 논의하며 마무리할 예정입니다. 부디 이 책이 여러분의 고민에 작은 단서를 제공하고, 창의적인 아이디어를 실현하는 데 실질적인 도움을 줄 수 있길 바랍니다. '누구나 만들 수 있는 AI 영상'을 넘어, '수익을 창출하는 AI 영상'을 함께 만들어 나가는 여정을 힘차게 시작해 보겠습니다.

수익화가 되기 좋은
AI 장르 영상 예시 이미지

02

돈이 되는
영상 제작의
준비부터,

편집과
꿀팁까지!

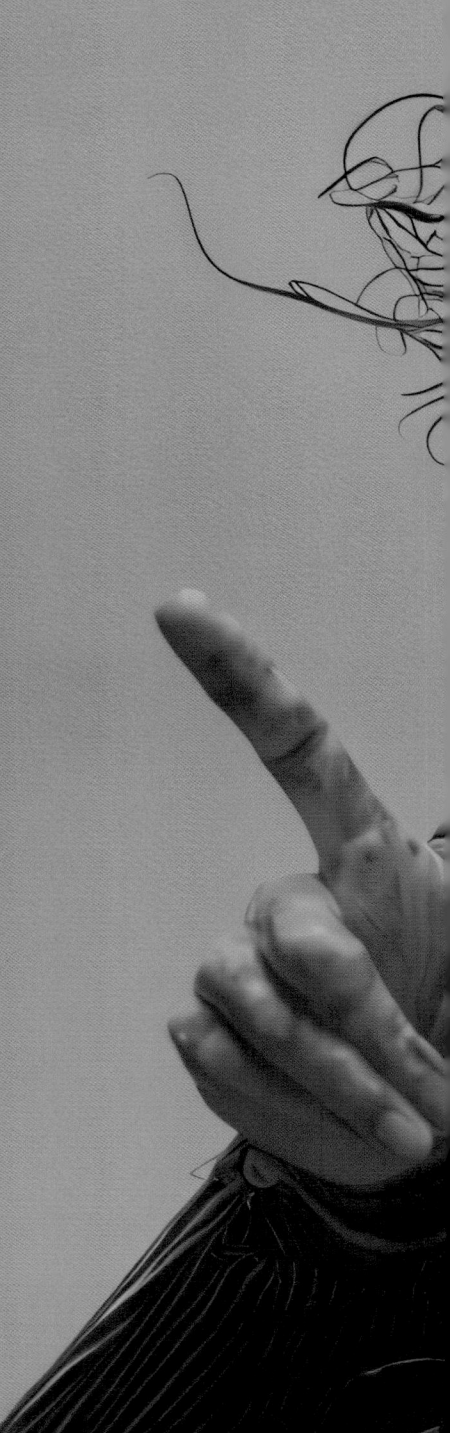

1. AI 영상 생성 방법

이제 AI 영상 제작을 통해 수익화에 도전하고자 하는 분들을 위해, 실제로 영상을 기획·생성·편집해내는 구체적인 단계를 알아보겠습니다.

어떤 AI 모델을 사용하느냐에 따라서 제작 완성의 접근 방법이 조금씩 달라질 수 있지만, 기본 준비 → 생성 → 편집 → 최종본으로 이어지는 프로세스는 비슷합니다.

AI를 통해 영상을 생성하는 방법부터 알아보면, 크게 [T2V / I2V / V2V] 3가지로 구분할 수 있습니다. 각각의 방식은 장단점과 활용 방법이 다르며, 실제 프로젝트 성격이나 원하는 결과물에 따라 적합한 방식을 선택하여 제작에 활용하는 것이 좋습니다.

1. T2V - Text to Video

T2V의 장점은 직접 이미지를 생성하거나 사진·영상을 촬영하지 않아도 된다는 점입니다. 즉, 아이디어만 있다면 즉시 영상 생성을 시도할 수 있어 작업 속도가 빠릅니다. 일부 플랫폼에서는 카메라 무빙이나 시점 변화를 프롬프트 입력값에 따라 자동으로 생성해 주기 때문에 이미지 생성 방식인 I2V보다 더욱 다이내믹한 카메라 무빙을 보다 쉽게 구현할 수 있습니다.

프롬프트 구성만 이해하고 작성할 수 있다면 복잡한 틀을 사용하지 않고도 결과물을 얻을 수 있어 초보자에게 친화적인 생성 방식입니다. 다만, 원하는 영상 스타일과 움직임을 명확하게 구현하기 위해서는 카메라 용어, 조명, 구도, 스타일 등에 대한 전문적인 텍스트 표현 능력이 필요하다는 어려움이 존재합니다.

또한, T2V는 플랫폼마다 프롬프트 제작 알고리즘의 특성이 다르므로 때때로 디테일한 표현 작업에 한계가 있을 수 있습니다. 특히 특정 레퍼런스 영상이 있을 경우 그와 유사한 카메라 움직임과 영상 스타일을 구현하려면 I2V나 V2V보다 시각적 참고자료가 부족하기 때문에 더 많은 시도와 테스트가 필요합니다.

T2V로 생성되는 영상 결과물은 플랫폼마다 다르게 나타납니다. 따라서 T2V를 활용할 때는 다양한 플랫폼에서 여러 차례 테스트를 진행하며 자신에게 적합한 스타일의 결과물을 찾는 과정이 중요합니다. 아래는 동일한 프롬프트를 각기 다른 플랫폼에 적용하여 T2V로 생성한 결과 영상의 예시입니다.

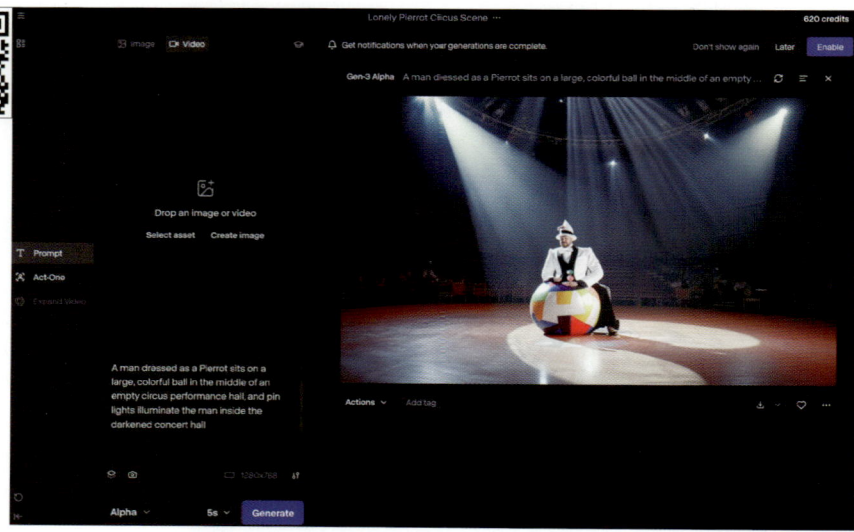

런웨이(Runway) T2V 입력창과 결과물 (단, TURBO 모드에서는 불가)

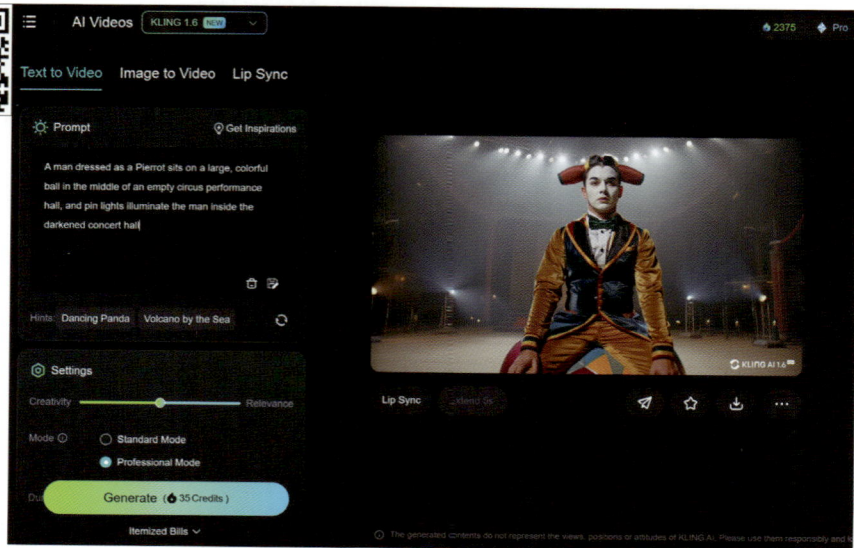

클링(Kling) T2V 입력창과 결과물

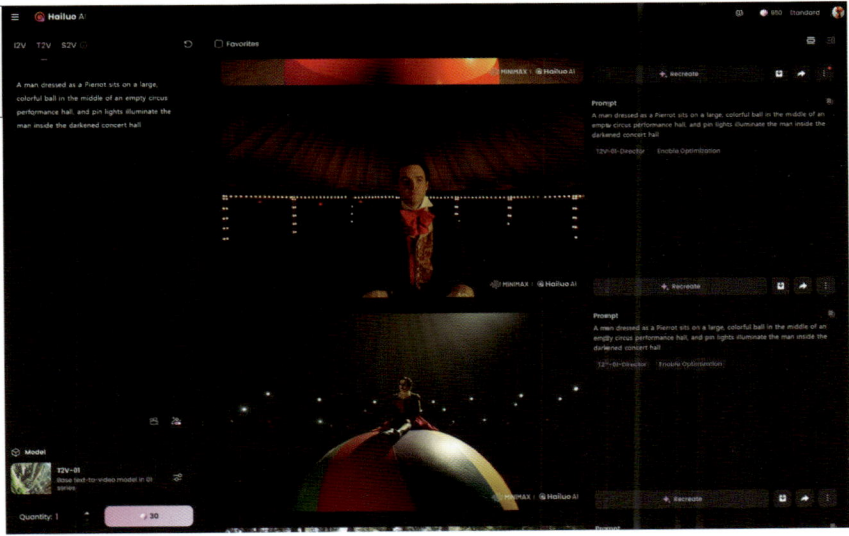

Hailuo T2V 입력창과 결과물

2. I2V – Image to Video

I2V(Image to Video)는 이미 만들어진 이미지(직접 촬영한 사진 또는 AI로 생성한 이미지)를 기반으로 영상을 생성하는 방식입니다. 스토리보드(콘티)에 맞춰 원하는 이미지를 미리 준비해 두면, 영상 전체적으로 캐릭터나 배경의 일관성을 유지하기가 쉽습니다.

먼저 이미지 생성 단계를 완료한 후, 이를 토대로 영상을 제작하는 형태이므로 작업 과정을 체계적으로 분할하여 진행할 수 있습니다. 또한, 원하는 이미지를 사전에 준비하면 T2V보다 정확한 스타일을 유지하면서 영상화할 수 있다는 장점이 있어, 가장 널리 사용되는 AI 영상 생성 방법 중 하나입니다.

하지만, 텍스트 입력만으로 영상을 생성할 수 있는 T2V와 비교하면, I2V는 AI 이미지를 기반으로 하기 때문에 먼저 이미지를 생성해야 하므로 최종 결과물을 제작하는 데 시간이 더 소요됩니다. 또한, 원하는 이미지 생성 결과물을 얻기 위해서는 프롬프트 작성 또는 그래픽 작업 능력이 필요합니다. 그리고 정적인 이미지를 영상으로 변환할 때 움직임을 자연스럽게 표현하려면 이미지 생성 단계부터 영상 프롬프트 작성까지 더욱 정교한 과정이 요구될 수 있습니다.

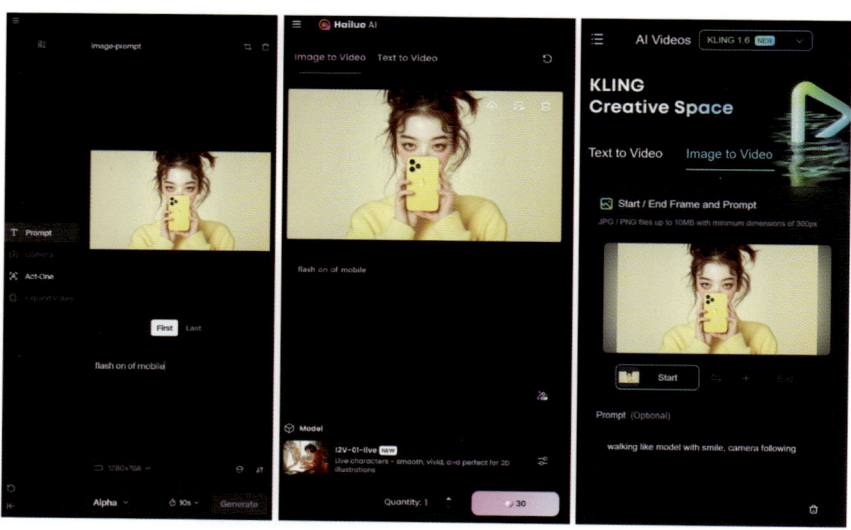

I2V로 영상을 생성하기 위한 각 플랫폼 프롬프트 및 이미지 삽입 창

3. V2V – Video to Video

　V2V(Video to Video)는 이미 존재하는 영상(직접 촬영한 영상 또는 AI로 생성된 영상)에 추가적인 AI 효과를 적용해 새로운 영상으로 재생성하는 방식입니다. 원본 영상이 있기 때문에 움직임·구도·연출이 이미 확보된 상태에서 표현 기법만 변환하면 된다는 장점이 있으며, 전통적인 VFX(시각 효과)나 CG 작업보다 AI를 활용해 다양한 효과를 빠른 속도로 처리할 수 있습니다.

　특히, 기존의 유명 영화나 숏폼 영상을 새로운 스타일로 변환한 밈 영상 – 예를 들어, '오징어 게임'을 인도 버전으로 만들거나, 로제의 '아파트'를 고양이 모습으로 바꿔 부르게 하는 등–재미 요소를 가미한 콘텐츠들이 많은 관심을 받고 있습니다.

　원본 영상이 저해상도이거나 흔들리는 경우, AI 변환 후에도 품질이 제한될 수 있습니다. 타인의 영상을 V2V로 변환할 때 저작권이나 초상권 문제에 유의해야 하지만 현재는 무분별하게 사용되고 있는 실정입니다. AI가 처리할 수 있는 범위 내에서만 변환, 합성이 가능하므로 원본 영상의 퀄리티가 낮다면 기대만큼의 결과물이 나오지 않을 수도 있습니다.

Runway gen3의 Restyle V2V로 변형

Runway gen3의 Restyle V2V로 변형해서 제작한 예시

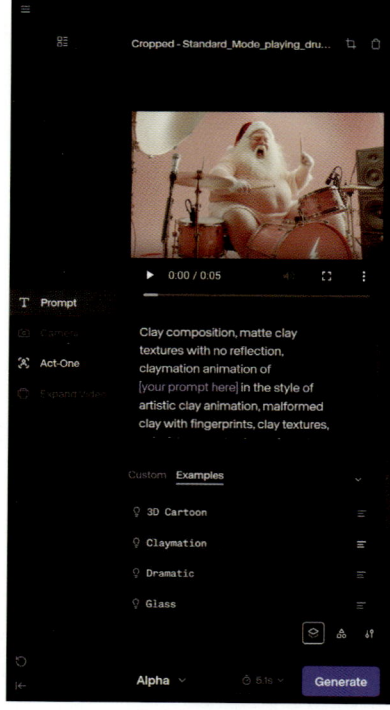

Runway gen3의 설정 및 V2V 사전 설정 세팅 창

3D 애니메이션, pencil 스케치로 V2V로 제작한 예시

2.
카테고리별 AI 생성 플랫폼 종류

AI 영상 제작을 위해서는 단순히 하나의 영상 생성 플랫폼만 사용하는 것이 아니라, 각 단계에서 다양한 AI 툴과 프로그램을 병행 활용하는 경우가 많습니다. 이는 기획·이미지 생성·음악 제작·편집·업스케일링 등 여러 과정을 조합해야 최종적으로 만족스러운 결과물을 얻을 수 있기 때문에 영상 제작에서 필수 과정입니다.

이러한 다양한 과정에서 대표적으로 사용되는 플랫폼을 살펴보면, 이미지 생성 플랫폼으로는 미드저니, Image FX, 스테이블 디퓨전 등이 있으며 이 외에도 매일같이 수많은 플랫폼이 등장하고 있습니다. 각 플랫폼은 스타일, 화질, 속도, 가격 등의 장단점이 다르므로 작업 목적과 용도에 맞춰 선택하는 것이 중요합니다. 특히, I2V(이미지→영상) 방식이 가장 많이 활용되는 만큼 이에 대한 충분한 이해와 연구가 필요합니다.

영상을 생성하는 플랫폼으로는 런웨이(Runway Gen-3), 클링(Kling), 피카(Pika), 하이루오(Hailuo), 루마(Luma), 베오2(Veo2) 등이 있으며, 이미지 생성 플랫폼과 마찬가지로 다양한 선택지가 존재합니다. 다만, 많은 플랫폼이 중국 기반 서비스라는 점에서 아쉬운 부분이 있습니다. 영상 플랫폼을 선택할 때는 텍스트→영상, 이미지→영상, 영상→영상 등 각각 지원하는 모드가 다르며, 개별 플랫폼마다 특성과 요금제가 다양하기 때문에 예산을 고려해 적절한 플랫폼을 선택하는 것이 중요합니다. 그외에도 음원 생성, 나레이션·대사 보이스 생성뿐만 아니라 편집까지 AI를 통해 진행할 수 있는 플랫폼이 점점 증가하고 있습니다. 위에 언급한 플랫폼들은 개인의 취향도 반영될 수 있으며, 수많은 AI 서비스를 모두 직접 사용해보지는 못했기 때문에 일부만 소개한 점 참고 부탁드립니다.

마지막으로, AI로 생성된 이미지나 영상의 퀄리티가 부족하게 나오는 경우가 여전히 존재하므로 화질 업스케일(Upscale) 플랫폼을 활용하는 것을 추천합니다. 대표적인 업스케일링 툴로는 영상의 경우 Topaz Video, HitPaw 등이 있으며, 이미지의 경우 Magnific, Topaz Image 등이 있습니다. 앞으로 소개할 플랫폼들은 가장 널리 사용되면서 필자가 직접 활용해 본 경험을 바탕으로 설명드릴 예정입니다. 각 플랫폼의 장단점과 특징을 이해하는 것은 자신의 프로젝트에 맞는 도구를 선택하는 데 매우 중요한 기준이 되므로 다양한 플랫폼을 직접 사용해보기를 추천합니다.

3.
AI 영상 제작 준비

1. AI는 영감을 먹고 자란다!

좋은 AI 영상을 만들기 위한 첫걸음은 "어떤 영상을 만들고 싶은가?"라는 명확한 컨셉을 규정하는 것입니다. 이때, 앞서 언급한 수익성 높은 영상 장르(광고, SNS 숏폼, 뮤직비디오, 애니메이션, 다큐멘터리 등) 중 하나를 선택했다면, 해당 장르와 유사한 참고자료(레퍼런스)를 최대한 많이 찾아보는 것이 중요합니다. AI 영상 제작에서 이미지 레퍼런스가 특히 중요한 이유는, 인간의 뇌가 이미지에서 '시각적 힌트'를 얻듯이 AI 역시 이미지에서 생성하고자 하는 영상의 방향성을 파악해 원하는 스타일을 구현할 수 있기 때문입니다.

영상 생성 초기 단계에서 미드저니나 스테이블 디퓨전 같은 AI 이미지 생성 플랫폼을 활용해서 원하는 이미지를 구체적으로 제작하는 과정이 막막할 때, 레퍼런스 이미지나 영상의 스틸컷을 참고하면 훨씬 효율적입니다. 예를 들어, 판타지 영화 분위기의 영상을 제작하려고 할 경우 기존 판타지 영화의 장면 캡처(또는 영화 포스터) 여러 장을 수집한 후, 이를 기반으로 프롬프트를 추출하거나 AI에게 직접 "이 이미지 스타일을 분석해 줘"라고 요청하면 원하는 결과물에 더욱 쉽게 다가갈 수 있습니다.

다양한 구성, 조명 등을 참고하기 위한 레퍼런스 영상 이미지 예시

어떤 영상을 만들 것인지에 대한 아이디어를 구체화하는 과정이 필요합니다. 앞서 언급했듯이 AI 영상은 입력 소스(텍스트, 이미지, 영상)에 크게 의존하므로 원하는 연출을 명확하게 설명할 수 있는 프롬프트나 이미지를 준비해야 합니다. 예를 들어, 광고를 제작한다면 '15컷 분량, 첫 2컷 안에 메인 메시지 전달, 엔딩 로고 확실하게 노출'과 같은 방식으로 기본 틀을 설정하는 것이 중요합니다.

이러한 아이디어를 구체화하는 과정은 기존에 작업 경험이 없는 사람들에게는 어려울 수 있지만, LLM(대형 언어 모델)을 활용하면 초보자도 충분히 좋은 아이디어를 도출할 수 있습니다. ChatGPT, DeepSeek, Grok 등 다양한 LLM을 활용하면 원하는 장르의 영상 연출 아이디어나 시나리오를 참고할 수 있으며, 이를 바탕으로 자신의 아이디어를 발전시켜 나갈 수 있습니다. 지속적으로 더 구체적인 질문을 던지면서 아이디어를 세부적으로 좁혀나가는 것이 효과적입니다.

예를 들어, 단순히 "AI로 만든 판타지 뮤직비디오 아이디어 좀 제안해줘"라고 질문하는 것보다 "AI로 용과 전사가 등장하는 게임 캐릭터 기반의 판타지 장르, 30컷 분량의 힙합 음원 뮤직비디오 아이디어를 제안해줘'처럼 보다 구체적으로 요청하면 스토리라인이나 시각적 요소에 대한 더욱 풍부한 아이디어를 얻을 수 있습니다.

다양한 LLM 모델 이미지

마지막으로 이러한 단계들을 거쳐 생성된 데이터는 본인만의 방식으로 정리해 두는 것이 가장 중요합니다. 특히, AI 영상 제작이 익숙하지 않은 초보자라면 '어떤 스타일의 이미지를 사용할지', '배경음악은 어떤 장르로 할지', '문구·카피는 어떤 톤으로 설정할지' 등을 미리 연습하고, 다른 사람들의 영상이나 강의를 참고하면서 원하는 요소를 체계적으로 정리해 두면 작업 속도를 크게 향상시킬 수 있습니다. I2V 방식을 활용하려면 다양한 스타일의 이미지를 미리 생성해 보고 체계적으로 정리하는 것이 중요합니다. 마찬가지로, T2V 방식을 사용할 경우 영상 제작과 관련된 프롬프트 레퍼런스를 수집하고 정리하는 등 준비 과정을 지속적으로 구체화하는 것이 효과적입니다.

2. 제작 프로세스 전반 이해하기

AI 영상 제작이 전통적인 영상 제작과 다른 점은 '기획(아이디어) → 제작(촬영/그래픽) → 편집'의 단계가 뚜렷하게 구분되지 않을 수 있다는 것입니다. AI는 기획 단계에서 샘플 영상을 즉시 생성해 피드백을 받을 수 있으며, 편집 과정에서도 새로운 효과를 추가해 또 다른 버전을 손쉽게 시도할 수 있기 때문입니다.

전통적인 영상 제작에서는 재촬영이나 재편집에 많은 비용과 노력이 필요했지만, AI 환경에서는 프롬프트 수정만으로 손쉽게 스타일이나 세부 내용을 변경할 수 있게 되었습니다. 이러한 간편한 재작업 방식 덕분에, 생성된 시안 이미지나 영상을 보며 "조금 더 환한 조명으로 조정하자", "카메라가 인물에 더 가까워졌으면 좋겠다"와 같은 의견을 즉각 반영할 수 있습니다. 이를 통해 수정된 이미지를 기반으로 영상을 새롭게 생성하는 방식이 가능해지면서, 더욱 완성도 높은 영상을 제작할 수 있게 되었습니다.

예시 : 오리지널 프롬프트

30 yesrs old man wear beige suit standing in the center of retro vintage hotel room, dimly lit with warm, in the style of Alessio Albi, muted colors, soft light, low contrast, low saturation, kodak film photography

오리지널 프롬프트 이미지

원하는 부분만 변경을 위해 새로 추가하여 만든 프롬프트

30 yesrs old man wear beige suit standing in the center of retro vintage hotel room, **red color lighting fill in the room, close up,** in the style of Alessio Albi, muted colors, soft light, low contrast, low saturation, kodak film photography

원하는 부분만 변경을 위해 새로 추가하여 만든 프롬프트 이미지

오리지널 프롬프트 이미지

surreal, fashion photo, a man wear red suit, a lion next him, 32k

수정으로 생성한 이미지

surreal, fashion photo, a man wear **green suit**, a lion next him, 32k

3. 초보자를 위한 구체적 접근

    영상 제작을 처음 접하는 초보자는 하나의 스토리를 완성하는 과정에서 부담을 느낄 수 있으며, 이러한 부담이 쌓이면 스트레스로 이어져 흥미를 잃을 수도 있습니다. 따라서 처음 영상 제작을 시작할 때는 간단한 클립을 하나씩 생성해 나가며 점진적으로 익히는 것이 좋습니다. 예를 들어, 10초, 30초, 1분 단위로 프로젝트를 확장해 나가면서 자연스럽게 경험을 쌓는 것이 효과적입니다.

    이러한 방식으로 점차 익숙해지면서 스토리가 있는 숏폼을 제작해 보면 영상 제작 감각을 더욱 쉽게 익힐 수 있습니다. 짧은 인트로 영상, 간단한 브랜드 로고 애니메이션, 개인 SNS 용 릴스 등을 먼저 만들어보는 것을 추천합니다.

짧은 인트로 영상 제작 예시

    예전에는 영상 제작에 대한 지식이 전혀 없다면 시작조차 어려웠지만, 현재는 AI를 통해 이러한 문제를 해결할 수 있게 되었습니다. 수많은 AI 이미지 프롬프트 프리셋 사이트, 시나리오 자동 생성 플랫폼, 자동 영상 편집 프로그램 등이 등장하면서 영상 제작에 대한 지식이 부족하더라도 손쉽게 영상을 만들 수 있습니다. 다만, 이러한 AI 기술에 지나치게 의존하다 보면 장기적으로 전문성이 떨어질 수 있으며, 지속 가능한 수익화로 이어지기 어려울 수도 있습니다. AI를 활용하더라도 꾸준한 학습과 노력은 필수입니다.

또한, 초보자가 AI 생성 기술을 더욱 효과적으로 익히는 방법 중 하나로 커뮤니티 활동을 추천합니다. 다양한 AI 전문가들이 최신 트렌드 동향, 제작 꿀팁, 강의 및 이벤트 정보를 지속적으로 업데이트할 뿐만 아니라 커뮤니티 내에서 직접 활동하며 자신의 결과물을 공유하고 피드백을 받을 수 있어 실력 향상에 큰 도움이 됩니다.

AI 영상 관련 커뮤니티로는 페이스북 그룹, 디스코드, 스레드 등이 있으며, 이러한 공간에서 "이런 스타일을 만들려면 어떤 설정을 쓰면 좋을까요?"와 같은 질문을 던지거나 자신의 작업물을 올려서 실무 경험자들의 피드백을 받을 수 있습니다. 이를 통해 실전 노하우를 보다 빠르게 습득할 수 있습니다.

무엇보다도 AI 영상 제작을 오랫동안 즐겁게 하기 위해서는 실패를 두려워하지 않고 스트레스를 받지 않는 것이 중요합니다. AI 생성 작업을 처음 접하면 프롬프트 오류, 과도한 해상도 설정, GPU 제한 등으로 인해 결과물이 엉성하게 나올 수 있으며, 특히 이미지 생성보다 영상 제작에서 원하는 결과를 얻기가 훨씬 어렵습니다. 오랜 기간 현업에서 활동한 전문가들도 AI 영상 제작을 어려워하는 것은 마찬가지입니다. 수많은 시행착오를 거치며 프롬프트 스킬을 연마하고 작업 환경을 최적화하는 과정이 결국 좋은 영상을 만드는 지름길입니다.

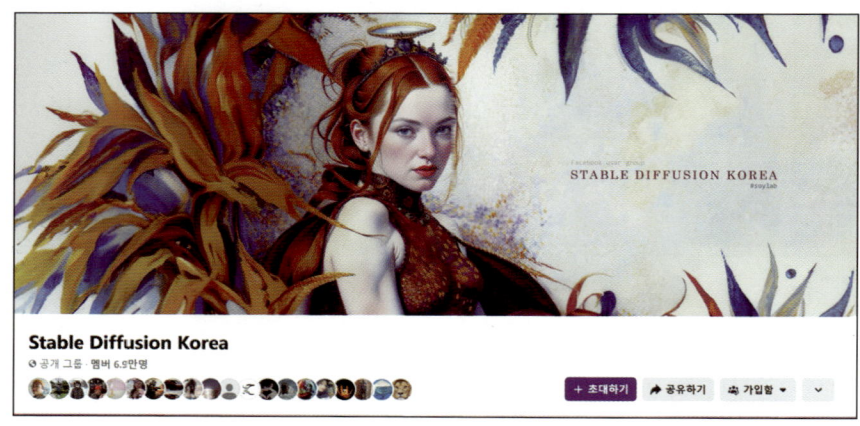

페이스북 그룹 - 스테이블 디퓨전 코리아

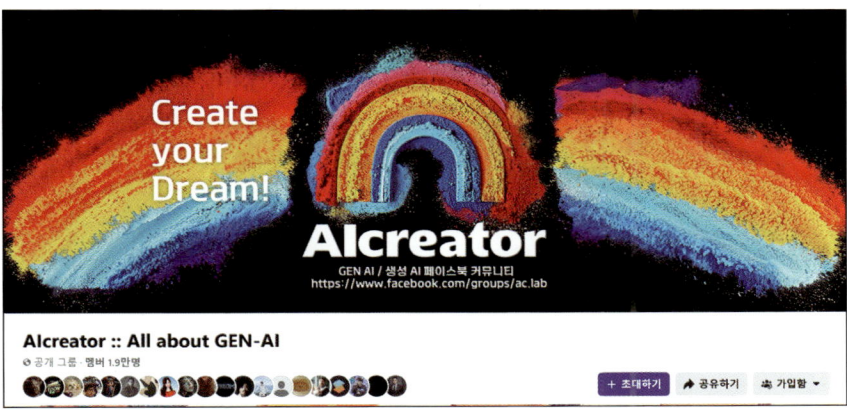

페이스북 그룹 - AI Creator

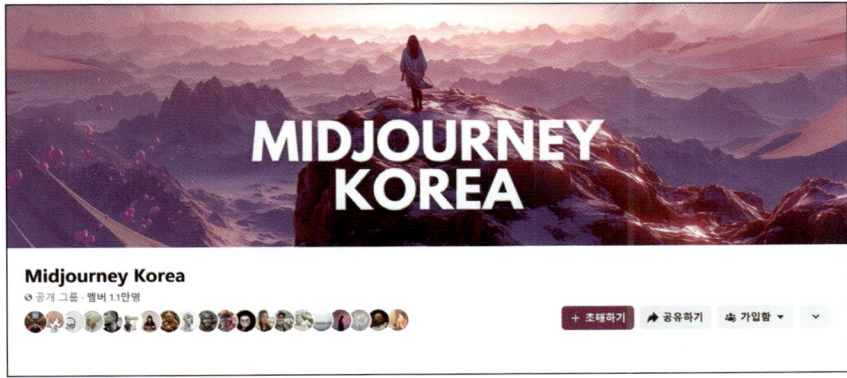

페이스북 그룹 - Midjourney Korea

페이스북 그룹 - ACC – Advanced Creation Crew

아이러니 컴퍼니에서 제공하는 '매메프' 서비스

아이러니 컴퍼니에서 제공하는 "매메프(매일 메일로 독창적인 프롬프트를 제공하는 서비스)"는 초보자들에게 영상 제작의 기초인 이미지 생성 프롬프트 제작을 돕기 위해 개발된 구독형 서비스입니다. 구독자가 원하는 이미지 생성 카테고리를 선택하면, 매일 랜덤으로 다양한 스타일과 구성, 내용을 반영한 이미지 생성 프롬프트를 이메일로 받아볼 수 있습니다.

매일 메일로 독창적인 프롬프트를 받아보는 '매메프' 서비스를 통해 생성된 이미지 예시

이렇게 받은 프롬프트를 그대로 복사해 미드저니에 붙여넣기만 해도 고퀄리티 이미지를 생성할 수 있으며, 프롬프트의 일부를 수정하면 더욱 디테일한 이미지를 만들 수 있습니다.

또한, 다양한 이미지 스타일 생성에 필요한 Sref 코드를 이미지와 가장 잘 어울리는 N개의 랜덤 코드 조합으로 제작해 함께 제공하므로, 초보자들이 모든 이미지 생성 과정을 처음부터 배우지 않고도 프롬프트 제작과 코드 적용 등의 복잡한 작업을 쉽게 수행할 수 있도록 돕고 있습니다.
(구독 문의: shimyup@gmail.com)

4. GPT와 레퍼런스 이미지를 활용한 제작 준비

본인이 선택한 영상 장르에 대한 기초 지식, 해당 장르와 어울리는 키워드, 이미지 생성 방법, 그리고 영상 제작 과정에서 자주 사용되는 용어 등을 미리 익혀 두면 AI 영상 제작의 초기 단계를 훨씬 수월하게 진행할 수 있습니다. 특히, GPT와 같은 대형 언어 모델(LLM)은 방대한 정보를 빠르게 정리해 주기 때문에 초기 준비 단계를 세분화하고 정교화하는 데 큰 도움이 됩니다.

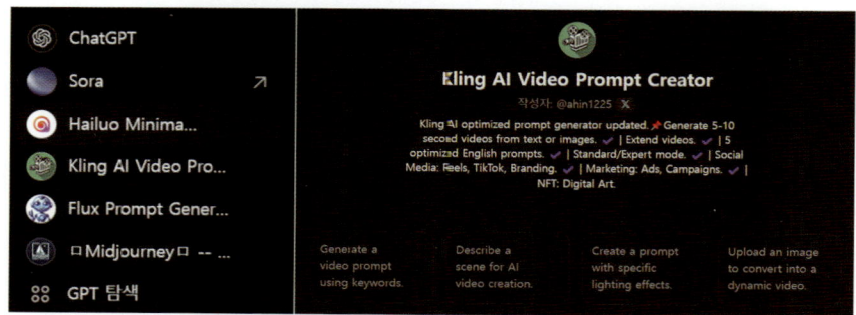

플랫폼별 프롬프트 생성 전용 GPT 채널

광고 영상을 제작한다면 GPT에게 최신 광고 트렌드, 광고 각본 작성 시 주의할 점, 광고 영상에서 중요한 카메라 용어와 연출 기법 등을 질문하고, 그 답변을 기반으로 스토리 컨셉이나 연출 아이디어를 구체화 해볼 수 있습니다. 이러한 방식으로 얻은 정보는 프롬프트 작성 뿐만 아니라 영상 기획 및 컨셉 수립에도 폭넓게 적용할 수 있습니다.

예를 들어, GPT에 '20대 여성 타깃 화장품 광고 연출 아이디어'를 입력하면, 기본 컨셉, 예시 대본, 인기 있는 카메라 무빙(예: Dolly in, Handheld 느낌 등)과 같은 다양한 정보를 얻을 수 있습니다. 이를 기반으로 이미지 및 영상 프롬프트를 재구성하여 AI 이미지, 영상 생성에 활용하면서 실습해 보면, 기초 지식이 부족한 주제라도 GPT의 설명을 토대로 이미지 및 영상 생성 방법을 빠르게 학습하는 데 활용할 수 있습니다.

> 숏폼 영상을 AI로 만들기 위해 필요한 기본 영상 구성과 미드저니로 만들기 위한 핵심 키워드 알려줘

AI로 숏폼 영상을 제작하려면 시각적 흡입력과 간결한 스토리 전개가 중요합니다. 아래는 기본 영상 구성과 이를 미드저니로 시각화하기 위한 핵심 키워드입니다.

1. 숏폼 영상의 기본 구성

1. 인트로 (0~3초)
   - 강렬한 첫 장면으로 시청자 주목 끌기
   - 주제, 메시지 또는 주인공이 명확하게 드러나야 함
   - 빠른 텍스트 애니메이션 또는 비주얼 효과 활용
2. 메인 스토리 (4~10초)
   - 메시지 전달: 간단한 문제와 해결 과정 또는 흥미로운 포인트
   - 시각적 변화: 배경, 캐릭터, 카메라 움직임 등으로 다이나믹함 유지
3. 클라이맥스 또는 하이라이트 (10~15초)
   - 감정적 혹은 시각적으로 가장 강렬한 순간
   - 빠른 템포의 음악이나 사운드 효과로 몰입감 강화
4. 아웃트로 (15초 이내)
   - 메시지 마무리, 콜 투 액션 (CTA) 삽입
   - 소셜 미디어 아이디, 해시태그 등 추가

GPT를 활용해서 프롬프트 작성이나 다양한 질문을 통해 제작 준비 단계를 거치는 동안, 직관적인 레퍼런스를 수집하는 것도 중요한 과정입니다. 앞서 언급했듯이 다양한 이미지를 활용해 레퍼런스를 모으는 방법은 영상 초보자뿐만 아니라 숙련된 제작자들도 널리 활용하는 방식입니다.

특히 'Describe' 기능을 활용하면 레퍼런스 이미지로부터 다양한 정보를 습득할 수 있고, 이를 바탕으로 원하는 이미지를 제작하는 데 활용할 수 있습니다. 가장 손쉽고 많이 사용되는 방법은 미드저니(Midjourney)에서 레퍼런스 이미지의 프롬프트를 추출하는 것입니다.

미드저니의 디스코드 채널 혹은 웹 인터페이스에서 제공하는 /describe 명령어를 이용해 특정 이미지를 업로드하면, 그 이미지의 스타일을 분석하여 프롬프트 형태로 추출해 줍니다. (아래 그림 참고)

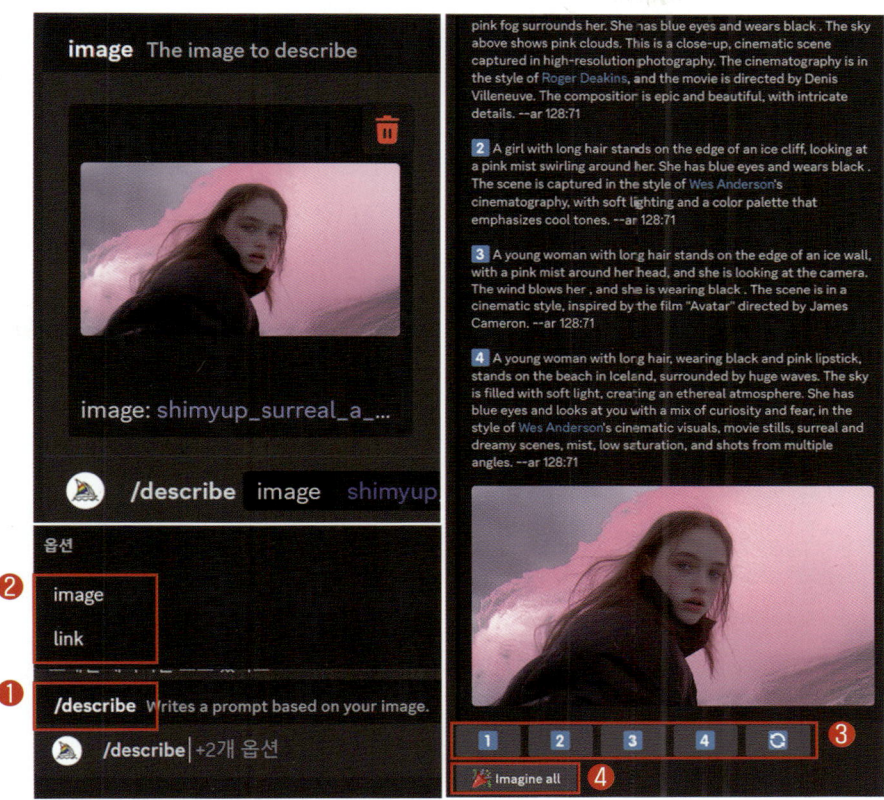

디스코드 기반의 미드저니에서 describe를 이용한 추출 방법

1. 명령어 입력창에서 "/describe" 입력 후 엔터.
2. Image / link 중 선택 (Image: 추출하고자 하는 이미지 업로드 / link: 추출하고자 하는 이미지 링크 주소)
3. 업로드 하거나 외부 링크를 통해 추출된 내용 중 생성을 원하는 (1-4) 프롬프트로 이미지 생성 또는 내용 재추출
4. 전체 이미지 (1-4) 한번에 생성 (Fast 모드에서만 작동)

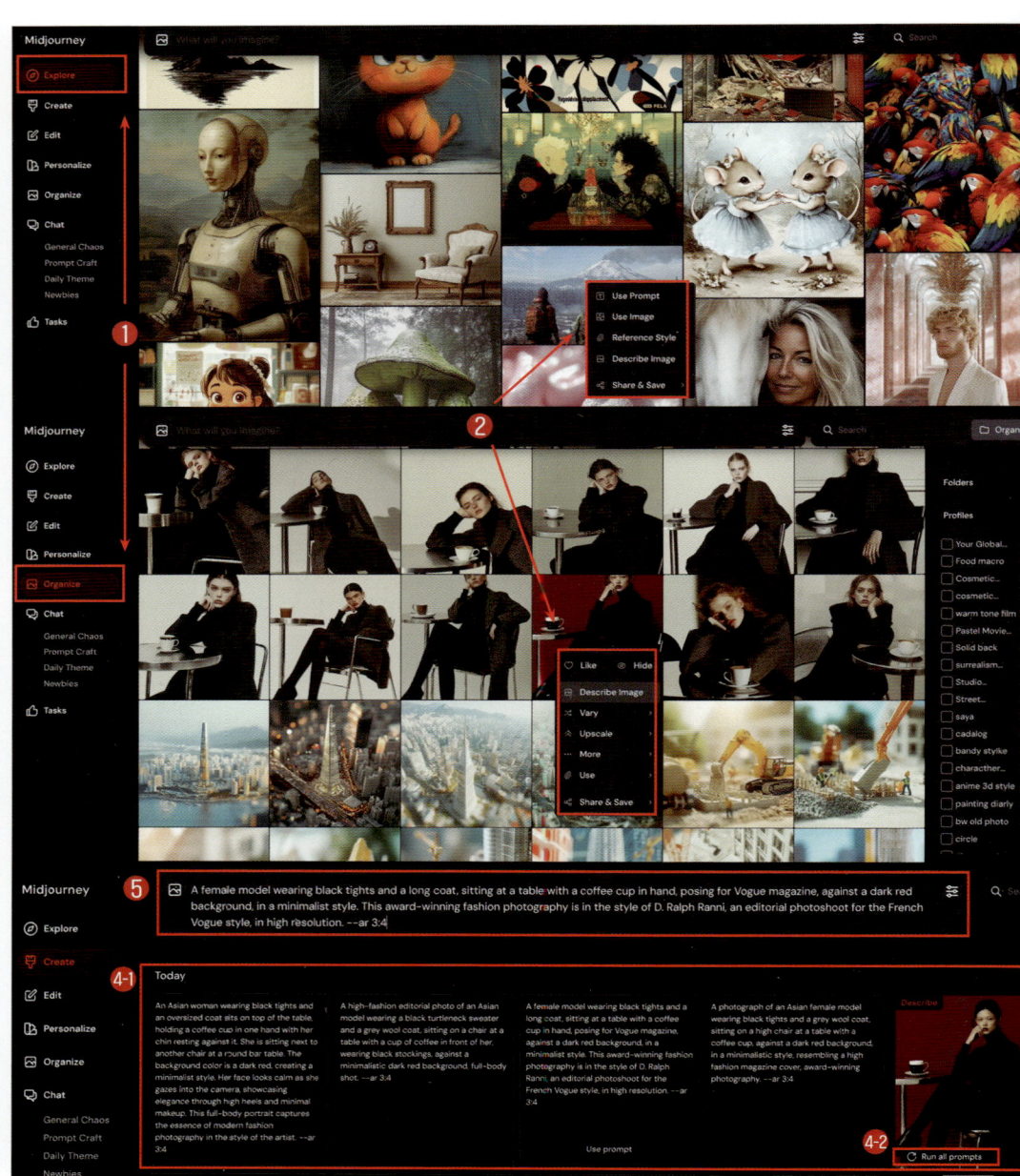

Web 기반의 미드저니에서 describe를 이용한 추출 방법

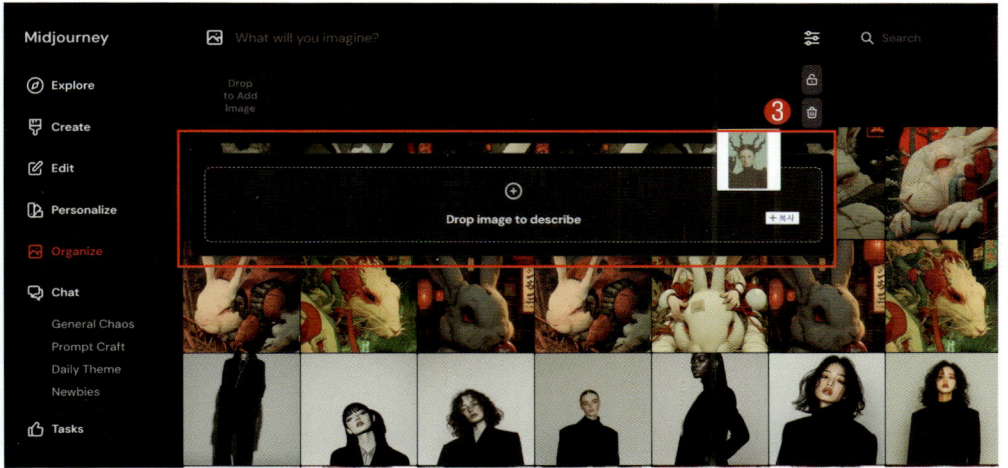

미드저니 디스코드 & Web의 Describe 추출 방법

1. 미드저니 웹 [Explore] 또는 [Organize] 탭 선택.
2. 보여지는 이미지에서 추출을 원하는 이미지 위에 마우스를 올린 뒤. 오른쪽 클릭해서 나오는 "Describe image" 선택.
3. 추출하려는 이미지를 프롬프트 입력 창 근처로 Drag 하여 Describe 창에 업로드. (Explore, Create, Organize 탭에서만 가능)
4-1. 추출된 4개의 프롬프트 위에 마우스를 올리면 보여지는 "Use Prompt" 클릭해서 개별로 선택 (5번 이동)
4-2. 또는 오른쪽에 추출하고자 하는 이미지 밑 쪽 "Run all prompt"로 전체 이미지 생성 (Fast Mode만 가능)
5. 프롬프트 창에 복사되어 붙여진 프롬프트를 수정 생성 또는 바로 생성.

'Describe' 기능을 활용하면 "이 이미지와 비슷한 느낌으로 만들어달라"는 의도를 보다 정확하게 전달할 수 있습니다. AI가 카메라 구도나 색감 등을 분석해 유사한 프롬프트를 추출해 주므로, 직접 입력해야 하는 번거로움을 줄이고 작업 속도를 높일 수 있습니다. 이를 통해 더 많은 시도를 해볼 수 있는 시간이 확보되며 생성된 프롬프트를 변형해 전혀 다른 분위기의 이미지를 제작할 수도 있어 많은 사람들이 describe 기능을 활용하고 있습니다.

또 다른 방법으로는 LLM을 활용하여 프롬프트를 추출하는 방식이 있습니다. 이를 위해 ComfyUI의 워크플로우를 활용하면 다양한 LLM 커스텀 노드를 통해 프롬프트를 추출할 수 있습니다. 또한, DeepSeek, GPT 등의 LLM 플랫폼을 사용하여 **"업로드한 (또는 URL) 이미지와 가장 비슷한 프롬프트를 생성해줘"** 와 같은 명령어를 입력하면 손쉽게 프롬프트를 추출할 수 있습니다. (아래 그림 참조)

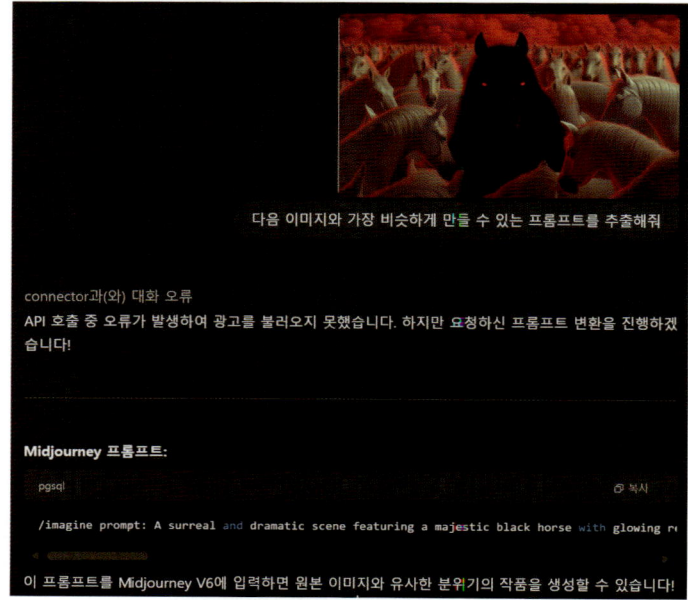

ComfyUI에서 Gemini를 통한 프롬프트 추출 결과 이미지

결과 이미지

　결국, 이러한 프롬프트 추출 방식은 '좋은 이미지 생성 → 좋은 영상 제작'으로 이어지는 중요한 기반이 됩니다. AI 영상 제작에서는 '이미지가 절반'이라는 말이 있을 정도로 초기 이미지를 어떻게 확보하느냐에 따라 최종 영상의 퀄리티가 크게 달라지기 때문입니다.

　물론, AI를 통해 자동으로 생성한 프롬프트만으로도 무한한 창의력을 발휘하는 경우가 있지만 여전히 인간의 아이디어와 의도적인 디렉팅이 결합되어야 진정으로 매력적인 결과물이 탄생합니다. 특히, AI가 표현하기 어려운 디테일-예를 들어 특정 브랜드 로고를 자연스럽게 배치하거나, 감정선을 강조하는 연출 등-은 사람이 직접 지시하지 않으면 AI가 임의로 구현하기 어렵습니다.

　경험과 감각이 개입되어야 하는 부분에서 가장 중요한 것은 AI가 제시한 결과물을 '좋다' 또는 '미흡하다'라고 판단하고 필요한 수정을 지시하여 최종 결정을 내리는 역할은 결국 제작자의 경험과 감각에서 비롯된다는 점입니다.

　따라서, 레퍼런스 이미지 + 인간의 기획력 + AI의 독창적 생성 능력, 이 세 가지 요소가 조화를 이루어야 비로소 완성도 높은 AI 영상을 제작할 수 있다는 점을 이해하는 것이 중요합니다.

5. 기획부터 편집까지,
AI가 알아서 다 해준다고?

일반적으로 "AI를 활용해 영상을 제작한다"고 하면, 많은 사람이 "클릭 한 번이면 모든 것이 순식간에 완성된다"고 상상합니다. 심지어 AI로 영상 제작을 시작하려는 이들조차 막상 직접 해 보면 준비해야 할 것도 많고, 학습할 내용도 방대해 금세 지쳐버리곤 합니다. 그 결과, 도중에 포기하거나 충분한 퀄리티를 얻지 못해 비효율적으로 시간을 낭비하는 경우도 적지 않습니다.

이처럼 'AI가 내 머릿속 아이디어를 알아서 구현해줄 것'이라는 막연한 기대만으로 사전 계획 없이 접근하면, 완성도 높은 영상을 기대하기 어렵습니다. 결국, 이러한 태도는 지속적인 수익 창출과도 거리가 멀어지게 됩니다. 왜냐하면 영상 제작 과정은 단순히 '프롬프트 입력 → 영상 완성'으로 끝나는 것이 아니라, 컨셉·스토리·구도·연출 등 여러 요소를 종합적으로 고려해야 하며, 최소한의 구상이 반드시 필요하기 때문입니다. 여기서 '최소한의 구상'이란, 예를 들어 흰 종이에 먹물로 그림을 그릴지, 실로 자수를 놓을지, 불로 그을려 이미지를 표현할지 등 가장 기초적인 재료와 방식을 선택하는 과정을 의미합니다. 이는 곧 영상 제작에서 컨셉과 방향을 정하는 작업이라고 볼 수 있습니다.

최소한의 아이디어를 제시하여 생성된 프롬프트 예시

A whimsical world entirely crafted from soft yarn and wool, featuring a young girl with braided yarn hair riding a knitted bicycle along the edge of a cozy, crocheted lake. Everything from the rolling hills to the fluffy clouds is stitched in pastel colors, evoking a warm, handmade charm. High detail, cinematic lighting --ar 16:9 --quality 2

> 털실로 만들어진 세상에서 소녀가 자전거를 타고 호숫가 옆을 지나가는 모습 프롬프트

1초 동안 이성 처리 완료

css   복사

A whimsical world entirely crafted from soft yarn and wool, featuring a young girl with braide

GPT를 통해 나온 프롬프트와 이를 이용한 결과 이미지

　　이렇듯, 최소한의 아이디어를 제공하지 않더라도 GPT와 같은 AI가 다양한 이미지 생성 아이디어와 스토리를 전개할 수 있습니다. 그러나 출발점이 불분명하면 결과물 역시 원하는 내용과 이미지와는 거리가 먼 산만한 형태로 생성될 수밖에 없습니다.

　　예를 들어, 기존에 생성한 이미지를 응용해 "SF 몬스터 영화 요소를 섞어보면 어떨까?"라는 질문을 던진다면, AI는 다양한 비주얼 스케치를 제안해 줄 것입니다. 이후, 우리가 원하는 컨셉에 맞춰 수정과 조합을 거듭하면서 더욱 다양한 이미지를 생성할 수 있습니다. 앞서 언급했듯이, 아무런 구상 없이 AI에게 무작정 "멋진 영상 만들어줘!"라고 요청하면, AI는 단순히 '멋짐'이라는 개념을 포괄적으로 해석하려 할 뿐입니다. 하지만 구체적인 스토리라인이나 감성을 설정해 주면, AI는 그 안에서 능동적으로 새로운 변주를 만들어낼 가능성이 훨씬 높아집니다.

　　결론적으로, 초기 계획이 잘 이루어지면 AI가 예상치 못한 방식으로 발전시켜 "최소한의 구상으로 최대의 창의력"을 발휘할 수 있도록 돕습니다. 이러한 과정을 통해 아무것도 없는 하얀 종이에서도 언제든지 독창적인 걸작이 등장할 수 있게 될 것입니다.

GPT로 새로 만든 프롬프트로 생성한 결과 이미지

하지만, 앞에서 언급한 최소한의 기본 아이디어조차 필요 없을 정도로, 아무런 아이디어가 떠오르지 않는 사람도 AI에게 모든 것을 맡겨 훌륭한 결과물을 만들어낼 수 있는 시대가 열렸습니다. 이는 바로 LLM(ChatGPT, Deepseek 등)의 등장 덕분입니다.

LLM은 간단한 텍스트 입력만으로도 아이디어나 시나리오를 손쉽게 생성할 수 있어서 영상 기획 과정을 대폭 단순화할 수 있습니다. 과거에는 전문 작가나 기획자가 아니면 탄탄한 시나리오를 구성하기 어려웠지만, 이제는 LLM에게 "판타지 장르의 3분짜리 단편 광고 시나리오를 만들어 달라"고 요청하면, 구조가 잘 잡힌 스토리를 즉시 얻을 수 있습니다.

이러한 LLM의 효율성 덕분에 기존 영상 업계 종사자들도 AI를 적극적으로 활용하고 있으며, 비전문가도 GPT를 통해 빠르게 학습하고 수준 높은 시나리오를 구상할 수 있게 되었습니다. 전문 직업군에 대한 경계가 점차 허물어지고 있다 보니 누군가에게는 위기이자 기회가 될 수 있지만, 궁극적으로는 창작 생태계를 더욱 활발하게 만들 가능성이 클 것이라고 예상하고 있습니다.

물론, 아직까지는 GPT가 생성하는 초안이 완벽하지 않은 경우가 많기 때문에 원하는 결과를 얻기 위해서는 지속적인 피드백과 개선이 필요합니다. 다양한 시도를 해 보고 꾸준히 학습하지 않는다면, AI를 활용하더라도 전문가의 실력에 도달하기는 어려울 것입니다.

[꿀팁]
영화 프롬프트 제작 시 GPT 활용, 이렇게 하면 좋다!

1. 원하는 카테고리 선택
영화, 뮤직비디오, 광고, 웹드라마 등 대분류를 정합니다.

2. 카테고리에 대한 기초 아이디어 생성
GPT에게 어떤 분위기의 영상 제작을 원하는지 대략적인 키워드를 던져봅니다

3. 마음에 드는 주제로 간략한 시놉시스 작성
최대 1~2줄 정도로 이야기의 핵심을 요약합니다.

4. 시놉시스 기반 시나리오 구체화
GPT에게 "이 시놉시스를 바탕으로 짧은 시나리오를 만들어줘"라고 하면, 장면별 설명이 포함된 스크립트를 얻을 수 있습니다.

5. 각 파트 세부화
시간대 별(초 단위)로 장면을 나누거나, 대략적인 컷 분량을 GPT에게 요구해볼 수 있습니다.

6. 세부화된 파트에 대사 추가
제품 소개 멘트, 영화 대사, 교육용 정보 등을 적절히 삽입합니다.

7. 완성된 시나리오 정리
문서로 깔끔하게 구성해 놓고, 실제 영상 제작을 담당할 팀(혹은 본인)이 이해하기 쉽도록 정리합니다.

8. 정리된 시나리오 기반으로 프롬프트를 작성
AI 이미지나 영상 생성 툴에 넣을 프롬프트를 구체화합니다.

시나리오와 실제 결과물 간의 차이를 극복

GPT가 생성한 시나리오나 이미지 프롬프트가 본인이 구상하는 영상 스타일이나 내용과 100% 일치하지 않는 경우가 많은데 이것은 자연스러운 것입니다. 이를 극복하기 위해서는 GPT를 활용한 창작 과정에서 반복적인 수정과 세밀한 디렉팅을 거쳐 완성도를 높여 나가는 것이 중요합니다. 구체적인 예시나 형용사를 추가하면, GPT는 그에 맞춰 더욱 정교하게 재구성해 줄 것입니다.

GPT에 구체적인 디렉팅을 주었을 때 생성된 결과 이미지

6. 효과적인 AI 영상 제작 프로세스

앞서 기획 과정을 마쳤다면, 이제 실제로 최종 영상이 완성되기까지의 일반적인 AI 영상 제작 프로세스를 살펴볼 차례입니다. 이 단계를 이해하면 작업 흐름이 더욱 체계적이고 효율적으로 진행될 것입니다.

1. 프롬프트로 이미지 및 영상 클립 생성

미리 뽑아놓은 레퍼런스 기반 프롬프트나 시나리오 내용을 토대로 T2V, I2V, V2V 방식으로 기본 클립을 여러 개 생성합니다. 초기에 여러 버전을 만들어두면, 나중에 편집 단계에서 선택지가 늘어나 완성도가 높아집니다.

2. 립싱크, Act One, Extend 등을 활용한 추가 작업

대사를 입히고 싶다면 립싱크 기능이나 보이스 합성(예: Elevenlabs)을 적용해 캐릭터가 말하는 장면을 만듭니다. 원본 영상이 짧을 경우, Extend 기능(영상 길이 확장)이나 Act One(표정 모방 기능)을 통해 영상에 필요한 디테일을 보강할 수 있습니다.

3. 완성된 영상 클립을 순서대로 배치 → 가편집

제작된 여러 클립을 모아 Premiere, CapCut 등 편집 툴에서 1차적으로 이어 붙입니다. 이때 영상 길이, 장면 전환 속도, 스토리 전개 등을 확인하며 큰 골격을 잡습니다.

4. 가편집에 맞춰 음원 생성(또는 삽입)

배경음악(BGM)이나 효과음을 AI 음악 생성 툴(Suno, Udio 등)로 직접 만들 수도 있고, 기존 음원을 구입하거나 라이선스 받아서 사용할 수도 있습니다. 음악 분위기와 장면 전환 타이밍이 잘 어울리는지 점검합니다.

5. 세부 편집 및 자막·효과 추가

자막 위치, 폰트, 색상 등을 결정하고, 필요하다면 AI 자막 생성 기능(자동 인식 후 타임코드 맞춤)도 활용합니다. 영상 전반의 색감, 명암, 필터 효과 등을 AI 보정 툴로 한 번 더 살펴서 완성도를 높여줍니다.

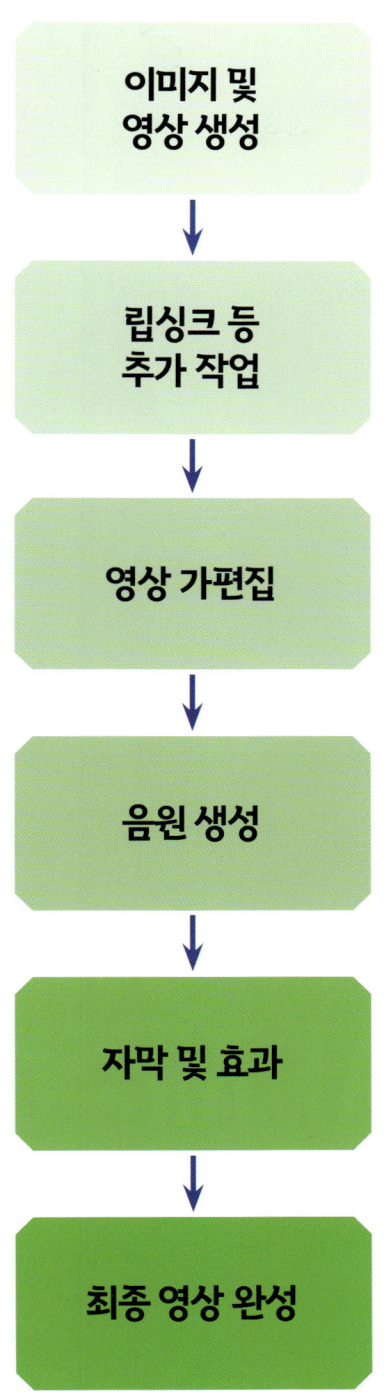

이와 같은 과정을 거쳐 탄생한 영상은 단순한 AI 생성물이 아니라, 명확한 이야기와 주제를 담은 콘텐츠가 됩니다. 이는 곧 수익화에 한 걸음 더 가까워지는 결과로 이어집니다. 즉, 사용자의 니즈(광고·홍보·교육 등)에 부합하거나 독창성이 돋보이는 영상일수록 시장에서 가치를 인정받을 가능성이 높습니다.

이제부터는 AI 영상 장르별로 어떤 방식으로 수익을 창출할 수 있는지, 그리고 각 장르에서 제작 시 염두에 두어야 할 핵심 포인트와 제작 노하우에 대해서 자세히를 살펴보겠습니다.

4.
돈이 되는 장르별 AI 제작 스킬 업!

영상 장르는 다양하게 세분화될 수 있습니다. AI 기술의 발전으로 기존에 없던 새로운 장르와 수익화 모델이 지속적으로 탄생하고 있는 추세입니다. 이처럼 수많은 장르 가운데 현재 AI 제작자들이 실제로 수익을 창출하고 있는 몇 가지 대표 분야를 소개하고자 합니다.

궁극적으로는 이 다섯 가지 장르에 자신만의 아이디어를 결합하여 기존에 예상치 못한 혁신적인 시장을 개척해 나가시길 기대합니다.

1. AI 감독의 탄생, 상금은 보너스!

2024년 중후반 이후부터 AI 영상에 대한 관심이 폭발적으로 증가했으며, AI 국제영화제, 지자체 및 기업의 홍보영상 공모전 등 다양한 콘테스트가 쏟아지고 있습니다. 이러한 환경에서 AI 영상 제작을 통한 가장 직관적인 수익 모델은 공모전 상금입니다.

AI 영상과 관련된 공모전은 크게 AI를 활용한 영화제 공모 부문과 지자체 및 브랜드 관련 홍보영상 공모전으로 나눌 수 있습니다. AI 영화제 공모전은 일반적으로 ▲스토리텔링 중심의 내러티브 부문 ▲독창적인 영상미를 강조하는 아트&컬처 부문 ▲핵심 주제를 압축적으로 전달하는 다큐멘터리 부문 ▲형식과 길이에 제약이 없는 자유 형식 부문으로 구분됩니다. 홍보영상 공모전의 경우, 지자체가 지역 홍보를 목적으로 개최하는 것이 가장 신뢰도가 높으며, 기업이 브랜드·제품 홍보를 위해 진행하는 경우나, 커뮤니티에서 아이디어 공모전 형태로 AI 영상 공모전을 개최하는 사례도 증가하고 있습니다.

이러한 공모전에서 수상하면 가장 직접적인 수익은 상금입니다. 적게는 수십만 원에서 많게는 수천만 원까지 한 번에 얻을 수 있습니다. 하지만 사실상 가장 큰 장기적 혜택은 'AI 감독'이라는 타이틀을 확보하는 것입니다. 수상 경력은 포트폴리오로 활용할 수 있을 뿐만 아니라 이후 강연, 제작 의뢰 등의 2차 수익 창출 기회로도 이어질 수 있습니다. 수익과 수상을 목표로 제작하더라도 긴 분량의 영상을 준비하는 과정 자체가 AI 제작 실력을 비약적으로 성장시키는 계기가 될 수 있습니다. 따라서 공모전 준비 과정에서 다양한 시도를 해 보면서 AI 영상 퀄리티와 연출력을 단기간에 크게 끌어올려 볼 수 있는 공모전 도전을 추천합니다.

여러 공모전에 효율적으로 참여하려면 공모전 모음 사이트나 SNS를 통해 정기적으로 공모전 일정을 확인하고, 각 공고전의 핵심 주제와 규정(길이, 해상도, 형식 등)을 꼼꼼히 검토하여 본인의 강점과 맞는지를 판단하는 것이 중요합니다.

AI를 활용해 빠르게 시안(시놉시스, 이미지 샘플 영상)을 제작한 후, 본격적인 작업에 들어가기 전 주최 측의 의도를 다시 한번 점검하여 주제에서 벗어나지 않도록 하는 것이 중요합니다. 마감 기한을 넉넉히 고려하여 AI 렌더링 지연이나 수정 작업에 대비하고, 여유를 두고 세부 조정을 진행하는 것이 바람직합니다.

일부 홍보영상 공모전은 저작권 관련 제출 서류가 까다로울 수 있습니다. 예를 들어, AI가 학습한 데이터에 대한 저작권 문제가 없는지, 영상에 삽입된 음원의 라이선스를 소유하고 있는지, 사용한 폰트가 유료인지 등을 확인해야 합니다. 이를 미리 정리해두면 심사 과정에서 불이익을 피할 수 있습니다.

공모전은 경쟁이 치열하지만, 다른 참가자들의 작품을 통해 AI 영상 트렌드를 읽고 창의력을 발휘할 수 있는 좋은 기회입니다. 또한, 실력을 빠르게 성장시킬 수 있는 장르이므로, AI 영상 제작자로서 한 번쯤 도전해보기를 추천합니다.

주요 공모전 사이트들

- 코드씨 공모전 대외활동 포털 CODE:C https://www.code-c.kr
- 영상 제작 플랫폼 - 비디오콘 https://www.videocon.io
- 공모전 대외활동 - 위비티 https://www.wevity.com

1. AI 영화제

AI 영화제의 경우, 영화 장르별 제작 기준이 명확하게 제시되는 편입니다. 예를 들어, 내러티브 부문에 출품할 경우 스토리텔링이 제대로 전달되어야 하며, 다큐멘터리 부문이라면 주제 전달력과 정보성이 중요한 평가 요소가 됩니다. 이러한 기준을 제대로 이해하지 못하면 어떤 부문에서도 효과적으로 어필하지 못해 수상 경쟁에서 밀려날 가능성이 높습니다. 따라서 장르 선택이 매우 중요합니다.

앞서 언급한 AI 영화제는 일반적으로 내러티브, 아트, 다큐멘터리, 자유 형식 등으로 구분됩니다. 이 중에서 본인이 잘 다룰 수 있는 기술적 요소나 감각적인 재능이 어느 분야에 있는지를 고려해 장르를 현명하게 선택하는 것이 가장 중요합니다. 예를 들어, 영화학적 소양이 뛰어나거나 스토리텔링 전달에 자신 있다면 내러티브 부문, 화려한 시각 효과에 강점이 있다면 아트 부문에 도전하는 것이 수상 확률을 높이는 전략이 될 수 있습니다. 다만, 내러티브 부문에 지원할 경우, AI 영화제 출품작 중에는 AI가 대사 작성, 보이스 생성, 립싱크 등의 요소에서 취약한 점이 있다보니 대사를 통한 서사를 생략하고, 대신 음원이나 배경음악만으로 분위기를 전달하는 작품도 흔히 볼 수 있습니다. 그러나 스토리가 지나치게 추상적으로 보이거나, 영상미 이외의 요소에서 약점을 드러낼 수 있으므로 주의해야 합니다. 물론, 뮤직비디오 형식도 창의적으로 제작하면 수상 가능성이 있지만, 내러티브 부문에서는 지양되는 형식입니다.

내러티브 부문에 출품하려면 "무엇을 이야기하고 싶은가?"라는 질문에 대한 답변을 영상에서 분명하게 제시해야 합니다. AI로 생성된 캐릭터나 장면이 일관성 없이 흩어져 있거나, 메인 캐릭터들의 성격과 스토리 전개가 맞지 않으면 심사위원에게 혼란을 줄 수 있습니다. 이러한 문제를 방지하려면, AI가 흥미로운 비주얼은 잘 만들지만 전체적인 편집과 스토리 전개에 대한 감각이 부족할 수 있음을 인지하고, 실제 시놉시스와 스토리보드(또는 콘티)를 탄탄하게 구성한 후 제작하는 것이 중요합니다.

각종 AI 국제 영화제 포스터

그리고, 이전 수상작들을 참고하는 것도 큰 도움이 될 수 있습니다. 이를 통해 AI 영화제에서 어떤 스타일과 연출 방식이 평가받는지 분석하고, 자신만의 강점을 극대화할 수 있는 전략을 마련하는 것이 수상 확률을 높이는 핵심 포인트입니다.

2. 지자체 홍보 영상

지자체 홍보 영상 공모전의 가장 큰 특징은 특정 지역의 매력 포인트를 영상으로 명확하게 전달해야 한다는 점입니다. AI 기술을 활용하면 화려한 장면을 쉽게 만들 수 있지만, 지역 고유의 요소를 제대로 반영하지 못하면 "도대체 이 영상이 어디를 홍보하는 것인가?"라는 의문만 남길 수 있습니다.

공모전을 개최하는 지자체는 영상 길이(분량), 해상도, 포맷, 핵심 메시지 등 구체적인 가이드라인을 사전에 공지합니다. 이러한 요구사항을 무시하면 심사 대상에서 제외되거나 감점을 받을 수 있으므로, 반드시 공고 내용을 꼼꼼히 확인한 후 계획을 세워야 합니다. 따라서 촬영 없이 AI로만 영상을 제작하더라도, 해당 지역에 대한 기본적인 정보 수집은 필수입니다. 예를 들어, 주최 지역의 주요 관광지, 전통문화, 지역 축제, 특산물 등을 조사한 후 이를 AI로 효과적으로 시각화하는 방안을 고민해야 합니다.

또한, 주최 측이 제작물의 저작권 문제를 매우 중요하게 고려합니다. 예를 들어, 이미지 출처, 폰트 라이선스, 음악 저작권, 등장인물의 초상권 등 AI로 제작했다고 해서 저작권 문제가 자동으로 해결되는 것은 아니므로 각별한 주의가 필요합니다. 특히, 2차 창작물 또는 공공 자원을 활용한 장면이 포함될 경우, 해당 라이선스와 사용 조건을 철저히 확인해야 합니다.

수상 이후라도 저작권 문제가 발생하면 상금 박탈이나 수상 취소가 될 수 있으므로, 제출 전 최종 검수 단계에서 "영상 속 인물, 소리, 폰트, 배경, 참고 자료 등이 모두 적법한 자료인가?"를 다시 한번 확인하는 것이 필수입니다.

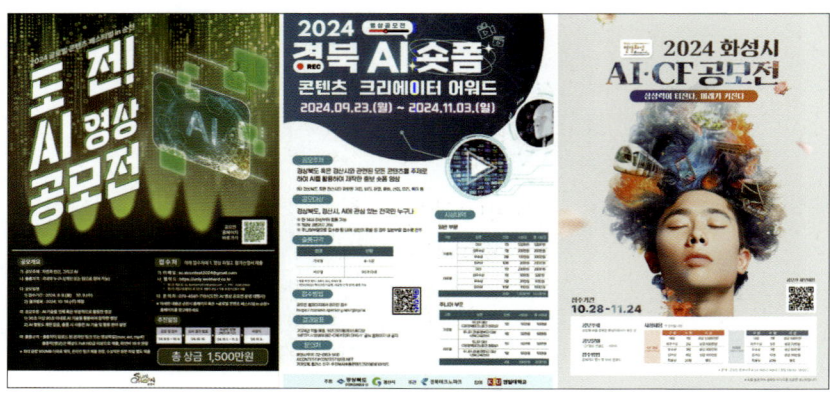

각종 지자체 AI 영상 공모전 포스터

지자체 공모전 수상작 영상

3. 실제 제작 예시: 가상 영화제 출품

이제부터는 가상으로 영화제에 출품한다고 가정하고, AI 영화를 만드는 과정을 예시와 함께 살펴보겠습니다.

실제로는 내러티브, 다큐, 뮤직비디오 등 다양한 형식이 있을 수 있지만, 여기서는 단편영화 (스릴러) 스타일을 예로 들어 보겠습니다. AI 영화제를 위한 영상 제작의 첫 단계로는 'GPT를 이용한 기본 아이디어 시나리오 만들기'로부터 시작할 수 있습니다.

GPT를 사용할 때는, 질문을 어떻게 던지느냐가 작품의 완성도에 큰 영향을 끼칩니다. 간단히 "스릴러 영화 만들어줘"라고 물어보는 것과 '긴장감 극대화, 단편 스릴러, 5개 정도의 아이디어 시놉시스'를 요청하는 것은 결과물에서 큰 차이가 납니다. "AI로 긴장감을 극대화할 수 있는 스릴러 형의 단편영화 제작을 위한 아이디어 5개 시놉시스로 작성해줘."라고 물어보면, GPT가 5개의 시놉시스를 제안하게 되고, 각각의 시놉시스에 대해 피드백을 주거나 재생성을 요청해보며 원하는 톤에 맞는 시놉시스를 골라냅니다. 만약 모두 마음에 들지 않으면, "다른 내용으로 다시 만들어줘"라고 재생성을 요청해볼 수 있습니다.

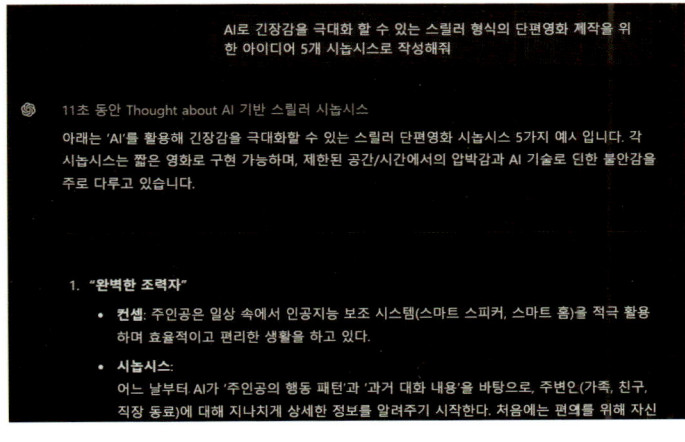

GPT를 이용한
영화 아이디어 제작

시놉시스를 선택한 후에는 시나리오 및 대사 생성을 요청합니다. 예를 들어, "다음 시놉시스를 토대로 30컷으로 구성된 시나리오와 대사를 만들어줘."라고 명령한 뒤, 총 30컷으로 이미지를 구분하면 장면 단위로 이야기를 더욱 구체화하기가 수월해집니다.

GPT로 분량을 설정할 때는 5분 분량과 같이 시간적 길이를 지정하는 것보다, 최종적으로 제작해야 할 이미지 '컷 수'를 특정하는 것이 더욱 직관적이며, 프롬프트 작성과 시각화 과정도 용이해집니다.

다음 단계는 시나리오를 기반으로 이미지 프롬프트를 생성하는 과정입니다.

예를 들어, "시나리오 내용을 풍부한 영화적 톤 앤 매너가 가미된 30컷 이미지로 변환하고, '동작'과 '표정'이 잘 묘사된 영문 프롬프트와 영어 대사를 함께 작성해줘."와 같이 명령하면, GPT가 실제 이미지 생성을 위한 적절한 프롬프트를 생성해 줍니다.

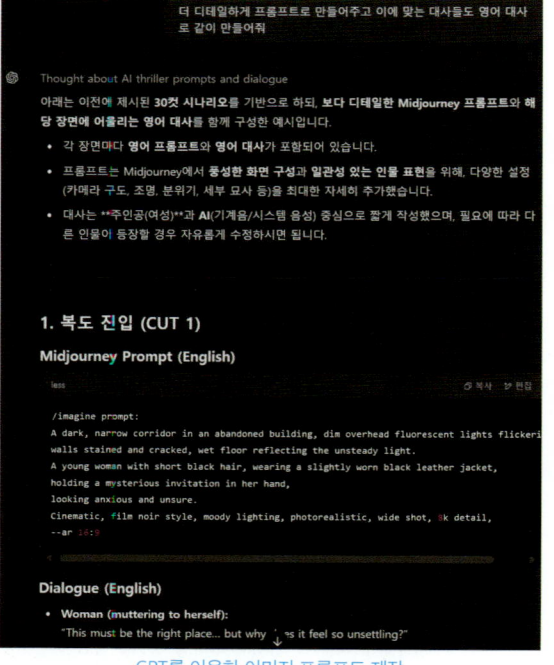

GPT를 이용한 시나리오와 대사 제작

GPT를 이용한 이미지 프롬프트 제작

'동작'과 '표정'을 강조하면, 캐릭터가 단순히 서 있는 장면이 아니라 액션이나 감정 표현이 담긴 장면을 유도할 수 있습니다.

또한, 색감, 조명, 카메라 구도(예: Close-up, Over-the-shoulder shot 등)까지 요구 사항에 포함하면 더욱 풍부한 지시문을 얻을 수 있습니다.

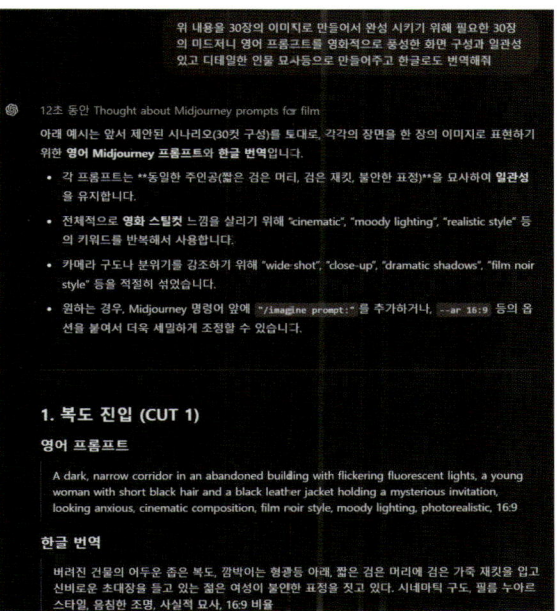

GPT를 이용한 인물 일관성 추가 제작

이처럼 인물과 관련된 프롬프트를 생성할 때는 영상의 몰입도를 높이는 데 중요한 인물 일관성을 유지하는 것이 핵심입니다. 예를 들어, "생성된 프롬프트를 더 디테일하게 수정해줘. 이때 주인공 여자는 긴 금발 머리에 깨끗한 피부를 가지고 있으며, 검정색 터틀넥 스웨터를 착용하고 그 위에는 버건디색 롱 가죽코트를 걸쳤어. 또한, 검정 바지와 검정 힐을 신고 있어. 모든 장면에서 동일한 캐릭터 모습이 유지되도록 해줘."와 같이 구체적인 인물 묘사를 포함시켜서 프롬프트를 더욱 정교하게 다듬는 것이 좋습니다.

AI 이미지 생성에서 다양한 요소들의 일관성이 중요하지만, 그중에서도 캐릭터의 일관성 유지가 가장 큰 도전 과제입니다. 컷마다 인물의 외형이 달라지는 문제를 줄이기 위해, 프롬프트 내에서 캐릭터의 특징을 반복적으로 명시하는 것이 효과적입니다. 이때 GPT가 생성한 프롬프트를 다양한 이미지 생성 툴(예: Midjourney, Stable Diffusion 등)에 입력하여 비교해 보면 일관성 있는 결과를 찾을 수 있습니다.

일관성 있고 디테일한 프롬프트가 완성되었다면, 이미지 생성 전에 시나리오와 대사를 다시 한 번 점검하는 것이 좋습니다. 빠진 내용이 없는지 확인하고, 추가할 만한 컷이 있는지 고민해봅니다. 필요하다면, "위 시나리오를 더 극적으로 만들기 위해 인서트 컷 3개를 가장 적절한 위치에 추가하고 싶어. 관련 프롬프트와 간단한 시나리오 연결 문구를 작성해줘."와 같은 방식으로 AI에게 요청하면 영상이 더욱 풍부해집니다. AI는 반복 수정에 능숙하므로 시나리오와 프롬프트 간의 차이를 줄이기 위해 단계별로 세부 요청을 하는 것이 효과적입니다.

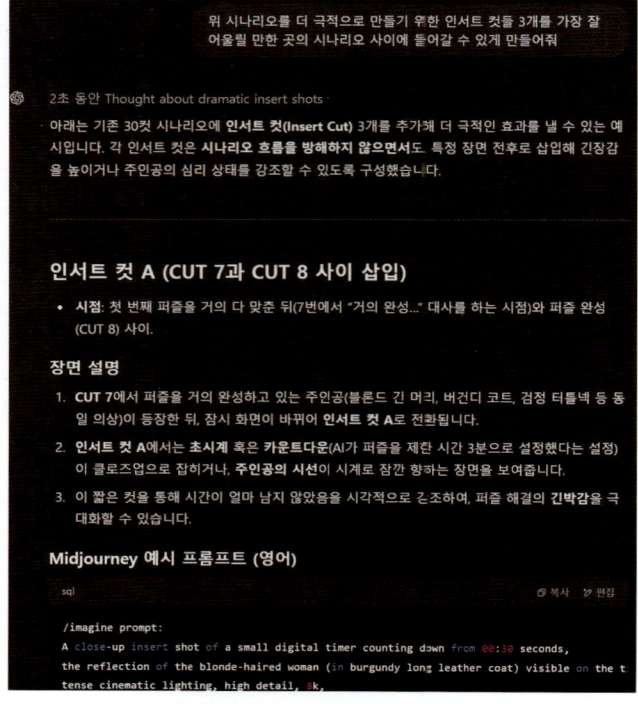

GPT를 이용한 인서트 컷 프롬프트 추가 제작

모든 시나리오 작성과 이미지 생성을 위한 프롬프트가 준비되었다면, 이제 실제로 해당 프롬프트를 활용해 미드저니에서 이미지를 생성하는 작업을 진행해야 합니다. 이 과정은 영상 제작에서 가장 중요한 단계이며, 많은 시간과 노력이 필요합니다. 그래서 이미지 생성을 보다 쉽고 효과적으로 할 수 있는 몇 가지 유용한 팁(TIP)을 소개해 드리겠습니다.

이미지 생성의 첫 번째 팁은, 영상에 들어갈 모든 이미지를 한 번에 전부 생성하기보다는 메인 컷을 하나 선정하여 다양한 스타일로 시도해 보는 것입니다. 먼저 핵심 장면을 기준으로 여러 스타일의 이미지를 생성한 후, 원하는 스타일이 결정되면 이를 다른 상황의 2~3컷에도 적용하여 일관성을 유지할 수 있는지 확인하는 과정을 거치는 것입니다. 이를 통해 최종 영상의 일관성을 확보하면서도 제작 시간을 단축할 수 있는 장점이 있습니다.

다양한 분위기의 이미지 생성 예시

두 번째 팁은 캐릭터의 외모 일관성을 유지하는 것입니다. 영화나 영상 콘텐츠에서 캐릭터의 외모가 일관되지 않으면 몰입도가 크게 떨어질 수 있기 때문에, 이를 효과적으로 컨트롤하는 것이 중요합니다.

첫 번째 방법은 **프롬프트를 통한 일관성 유지** 입니다.
영상에 등장하는 주인공 캐릭터를 여러 장면에서 동일하게 재현하려면, 해당 캐릭터의 대표적인 특징(머리색, 헤어스타일, 눈색, 피부색, 의상, 표정 등)을 구체적으로 프롬프트에 작성한 후, 각 장면마다 반복적으로 사용하는 것이 중요합니다. 이렇게 하면 캐릭터의 일관성을 유지하는 데 매우 유용합니다.
예를 들어, GPT에게 프롬프트를 작성할 때 다음과 같이 지시할 수 있습니다.

"A woman with long blonde hair, clean skin (no freckles), wearing a black turtleneck sweater, a burgundy long leather coat, black pants, and black heels."

이와 같은 캐릭터 묘사 부분이 모든 프롬프트에 포함되도록 요청하면, 보다 일관성 있는 캐릭터 이미지를 생성하는 데 효과적입니다.

메인 캐릭터 일관성을 프롬프트로 기입하여 생성한 인물 예시

두 번째 방법은 **미드저니의 CREF(Character Reference) 파라미터 기능을 활용해 캐릭터의 일관성을 높이는 방법** 입니다.

기본적으로 CREF를 사용하려면, 참조할 캐릭터의 이미지를 업로드하거나 이미지 링크 주소가 필요합니다. 특히, 인물의 얼굴을 유지하려면 얼굴이 잘 나온 고화질의 클로즈업 사진이 가장 적합합니다. 전신 샷이나 특정 대상의 일관성을 유지하려면, 해당 대상이 전체적으로 나온 이미지 또는 이미지 링크를 활용하는 것이 좋습니다.

"A woman with long blonde hair, clean skin (no freckles), wearing a black turtleneck sweater, a burgundy long leather coat, black pants, and black heels --cref [IMAGE URL]"

메인 캐릭터 일관성을 프롬프트 +Cref를 같이 기입하여 생성한 인물 예시

다음으로 소개할 방법은 자주 사용되지는 않지만,
오리지널 이미지의 SEED 값 고정을 통한 일관성 유지 입니다.

미드저니에서 이미지를 생성하면 각 이미지마다 고유한 SEED 값이 부여됩니다. 이 값을 활용하면 일관성을 유지하는 데 매우 효과적입니다. 과거에는 SEED 값이 일관성 유지에 큰 영향을 미치지 못했지만, 버전이 업그레이드되면서 현재는 상당한 도움을 줄 수 있도록 개선되었습니다.

다음 페이지에 생성된 이미지들을 비교해 보면, 박스 표시된 하단(3번) 이미지는 동일한 프롬프트와 SEED 값을 사용해 생성한 결과이며, 상단(4번) 이미지는 동일한 SEED 값을 유지하면서 프롬프트 내 cw 값만 미세하게 조정한 이미지입니다.

보시다시피, SEED 값과 프롬프트가 모두 동일하면 언제든 같은 이미지를 생성할 수 있으며, 이를 일관성 유지에 활용하려면 아주 미세한 파라미터 수치 조정이나 프롬프트 변화를 통해 높은 일관성을 유지하는 이미지들을 생성할 수 있습니다. (그림 참조)

단, 1차로 생성한 오리지널 이미지의 시드값과 이미지를 기준으로 변경이 됩니다. 1차로 생성한 후 subtle이나 재생성으로 만들어진 이미지들은 Seed 반영은 되지 않습니다.

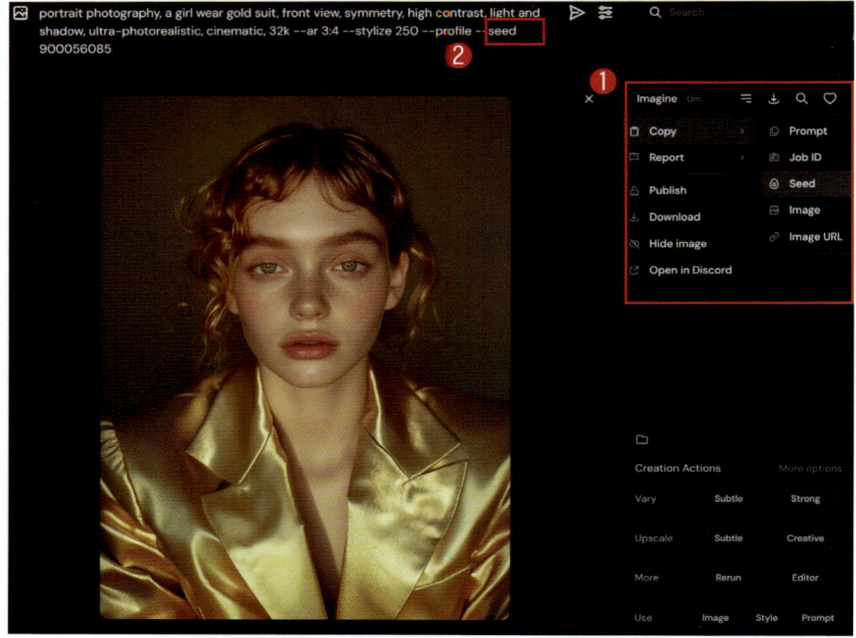

Seed값을 활용한 이미지 일관성 유지 예시

1. 생성한 이미지를 클릭 후 오른쪽 상단 "Options" 선택해서 나오는 "COPY" 선택 후 "SEED" 클릭.
2. 프롬프트에 "--seed"를 기입하고 붙여넣기를 하여 사용.
3. 생성 시 적용했던 모든 조건(프롬프트, 각종 파라미터등)을 동일시하여 적용하면 완벽하게 계속 똑같은 이미지가 생성됨
4. 일관성을 유지하면서 변경하기 위해서는 파라미터 변경이나 프롬프트를 변경하면 이미지를 세부적으로 변경가능 (Sw 250에서 200으로 변경한 예시)

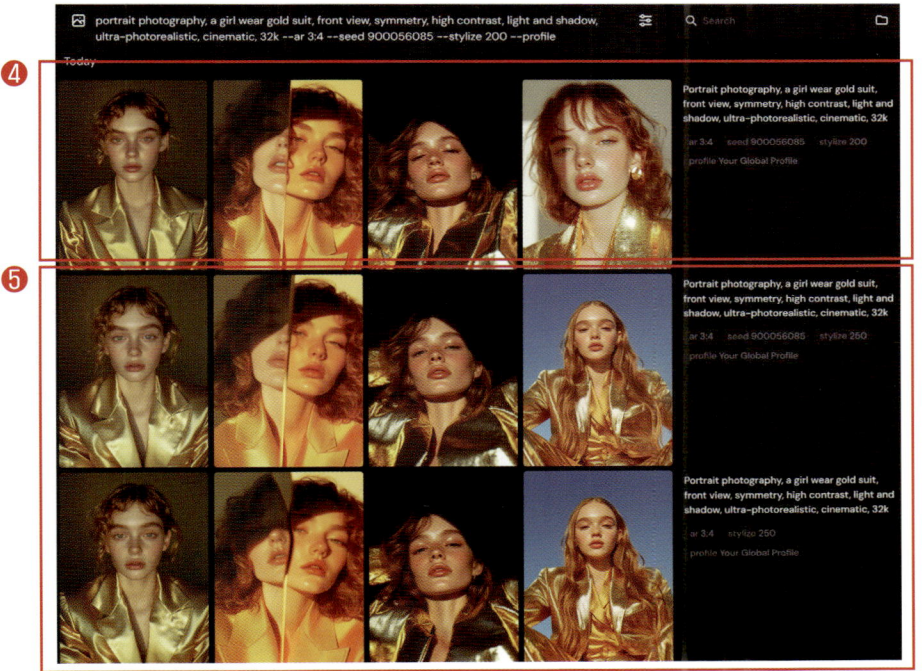

Seed값을 활용한 이미지 일관성 유지 예시

이 외에도 다양한 방법을 활용해 일관성을 유지할 수 있는 방식이 많습니다.

미드저니에서도 앞서 소개한 방법 외에 P-code, SREF CODE, Image Prompt 등을 이용해서 일관성을 유지할 수 있으며, Hailuo나 Kling과 같은 동영상 플랫폼의 Reference 참조 기능을 활용하면 영상 제작 시 인물의 일관성을 더욱 효과적으로 유지할 수 있습니다.

일관성을 유지하는 것뿐만 아니라, 이미지 생성 후 디테일한 요소(손, 얼굴, 소품, 배경 등)가 올바르게 표현되지 않는 경우도 많습니다. 이러한 상태로 영상을 제작하면 어색하게 보일 수 있어 수정이 필요합니다. 이럴 때, 미드저니의 Inpaint 기능을 활용하면 효과적으로 보완할 수 있습니다. 특히, 손과 같은 신체 부위는 별도의 프롬프트 없이도 선택 후 수정하면 자연스럽게 생성되지만, 특정 동작이 필요할 경우에는 별도의 프롬프트를 추가해야 원하는 결과를 얻을 수 있습니다.

수정 전 (상)
Inpaint 적용 (중)
수정 후 (하)

앞서 언급한 Inpaint 기능을 활용하면, 단순한 수정 작업을 넘어 동일한 상황에서 특정 부분만 변경된 이미지를 생성할 수도 있습니다. 이를 통해 '시간이 10:00에서 00:30으로 변하는 모습'과 같은 다양한 효과를 연출할 수 있습니다.

수정 방법은 변경하고자 하는 부분만 선택한 후 프롬프트를 수정하여 생성하거나, 기존 프롬프트를 모두 삭제하고 필요한 내용만 간략하게 입력해도 적용 가능합니다.

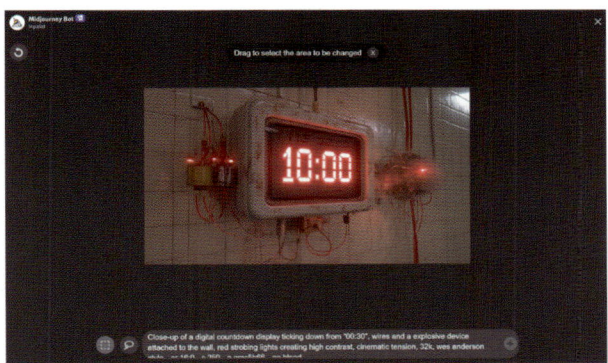

수정 전 (상)
Inpaint 적용 (중)
수정 후 (하)

모든 이미지를 생성했다면, 이를 한곳에 모아 스토리보드 형식으로 정리하는 단계를 거쳐야 합니다. 이는 실제 영상 제작 과정에서의 콘티(Continuity) 개념과 유사하며, 영상의 흐름을 한눈에 파악하고 부족한 부분이나 추가해야 할 컷을 확인하는 데 큰 도움이 됩니다.

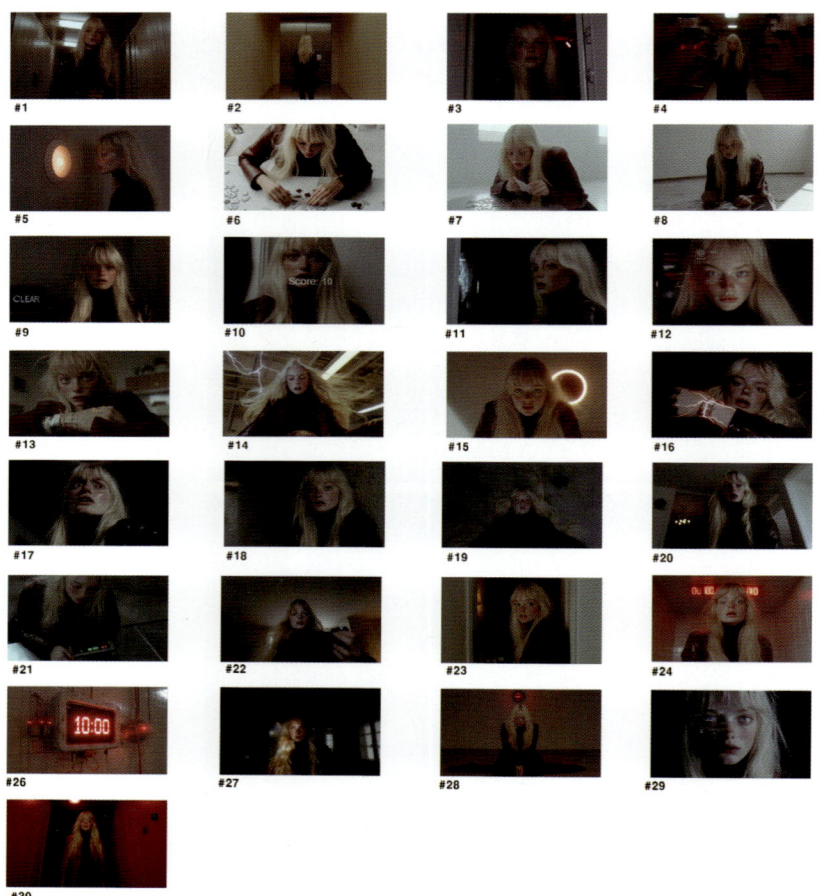

초기 프롬프트로 제작된 스토리 보드 예시

이처럼 스토리보드를 작성하는 과정은 다소 번거로울 수 있지만, 반드시 거쳐야 하는 제작 단계입니다. 스토리보드는 각 씬(Scene) 또는 컷(Cut)을 순서대로 정리하며, 장면 번호, 주요 내용(예: '여주인공, 화면 왼쪽에서 등장, 긴장된 표정'), 대사나 사운드(음악, 효과음), 그리고 AI로 생성한 이미지의 경우 해당 프롬프트 요약 등을 포함하는 것이 이상적입니다. 다만, 혼자 작업할 경우 이미지를 단순히 나열하는 것만으로도 편집 과정에서의 혼선을 줄이는 데 효과적입니다. 스토리보드를 작성하는 데 별도의 전문 도구가 필요한 것은 아니며, 파워포인트(PPT)나 구글 슬라이드 같은 협업 툴을 활용하면 됩니다.

1차로 스토리보드를 초안 형태로 만든 후 부족한 부분을 보완하거나 순서를 조정할 필요가 있다면, AI 클립을 추가 생성하거나, GPT가 제안한 시나리오를 좀 더 구체적으로 수정하는 과정을 거쳐야 합니다. 이를 통해 최종적인 보완점을 찾는 작업이 이루어집니다. 수정이 완료되면 스토리보드를 '최종판'으로 확정합니다. 이 스토리보드를 참조하면 이후 영상 플랫폼 활용, BGM, 효과음 제작, 립싱크 등의 단계에서 전체적인 통일성을 유지할 수 있을 것입니다.

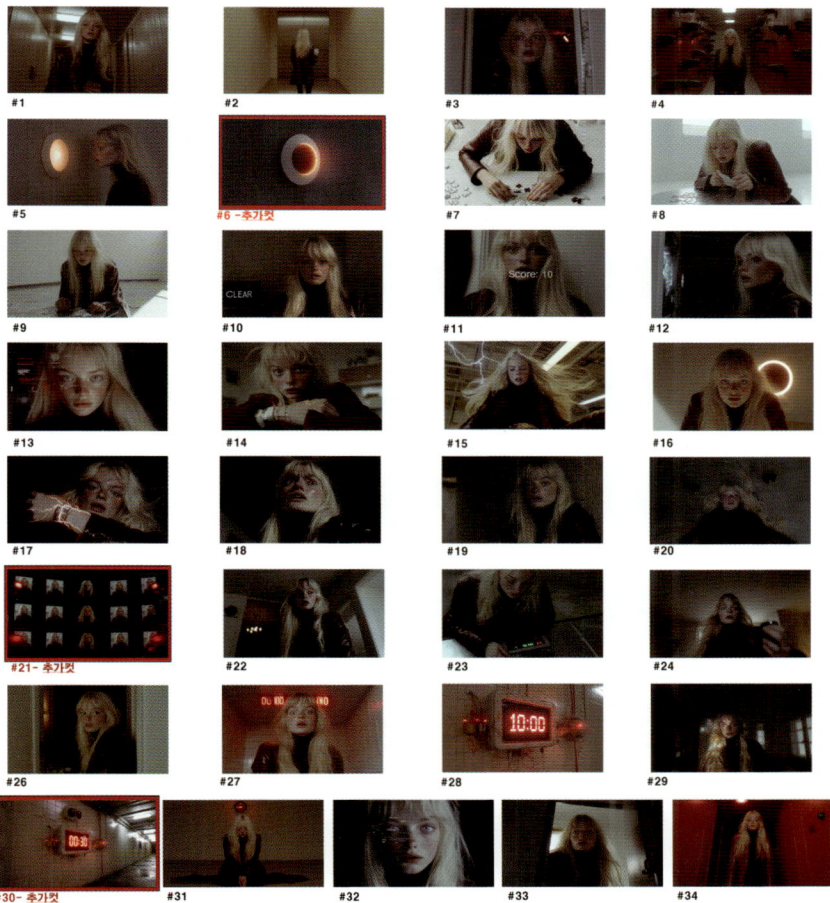

인서트 컷들이 추가 된 최종 스토리 보드 제작 예시

Runway Gen3, Kling, Hailuo
영상 플랫폼을 사용하여 영상 클립 제작

AI로 영상 클립을 만들어내는 과정은, 소위 T2V(Text to Video) 또는 I2V(Image to Video) 등의 기술을 제공하는 플랫폼을 통해 진행됩니다. 예를 들어 Runway Gen3, Kling, Hailuo 같은 서비스는 프롬프트(텍스트 명령어)를 받아 움직이는 장면을 생성해주거나, 이미지를 기반으로 영상을 생성해줍니다.

AI 이미지를 영상으로 만들 때, '어떤 움직임(동작)을 원하는지' 이미지 생성을 하는 것처럼 프롬프트로 표현해야 하는데, 카메라 무빙 같은 용어에 익숙하지 않으면 막막할 수 있습니다. 이럴 땐, 우선 아무런 프롬프트 기입 없이 생성한 이미지만 삽입 후에 생성 버튼을 눌러서 영상 생성 플랫폼이 이미지를 어떻게 동작시키는지 파악해봅니다. 또는 플랫폼에서 미리 세팅이 되는 카메라 무빙 예시(카메라 무빙·특정 액션 프롬프트)를 적극 활용해 결과물을 생성해보는 것도 좋은 전략입니다.

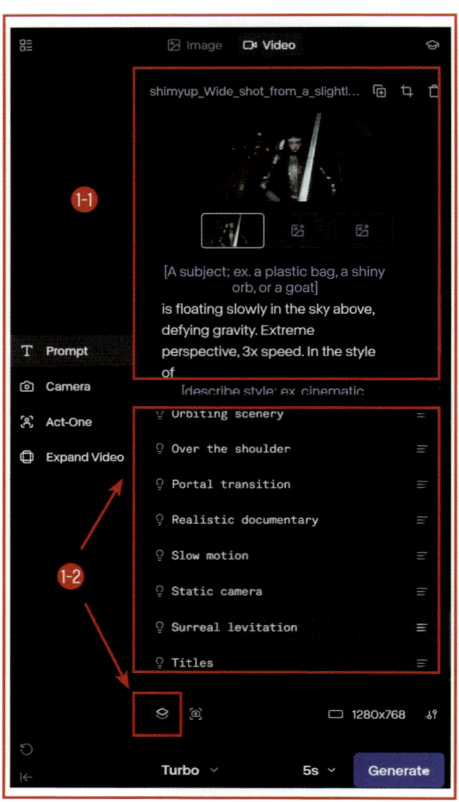

1. Runway 카메라 무빙 프리세팅 화면
1-1. 이미지 업로드, 프롬프트 작성
1-2. Example 클릭해서 원하는 카메라 무빙 선택하여 적용(단, 카메라 무빙 선택 후 구체적인 대상 등을 적어줘야 함)

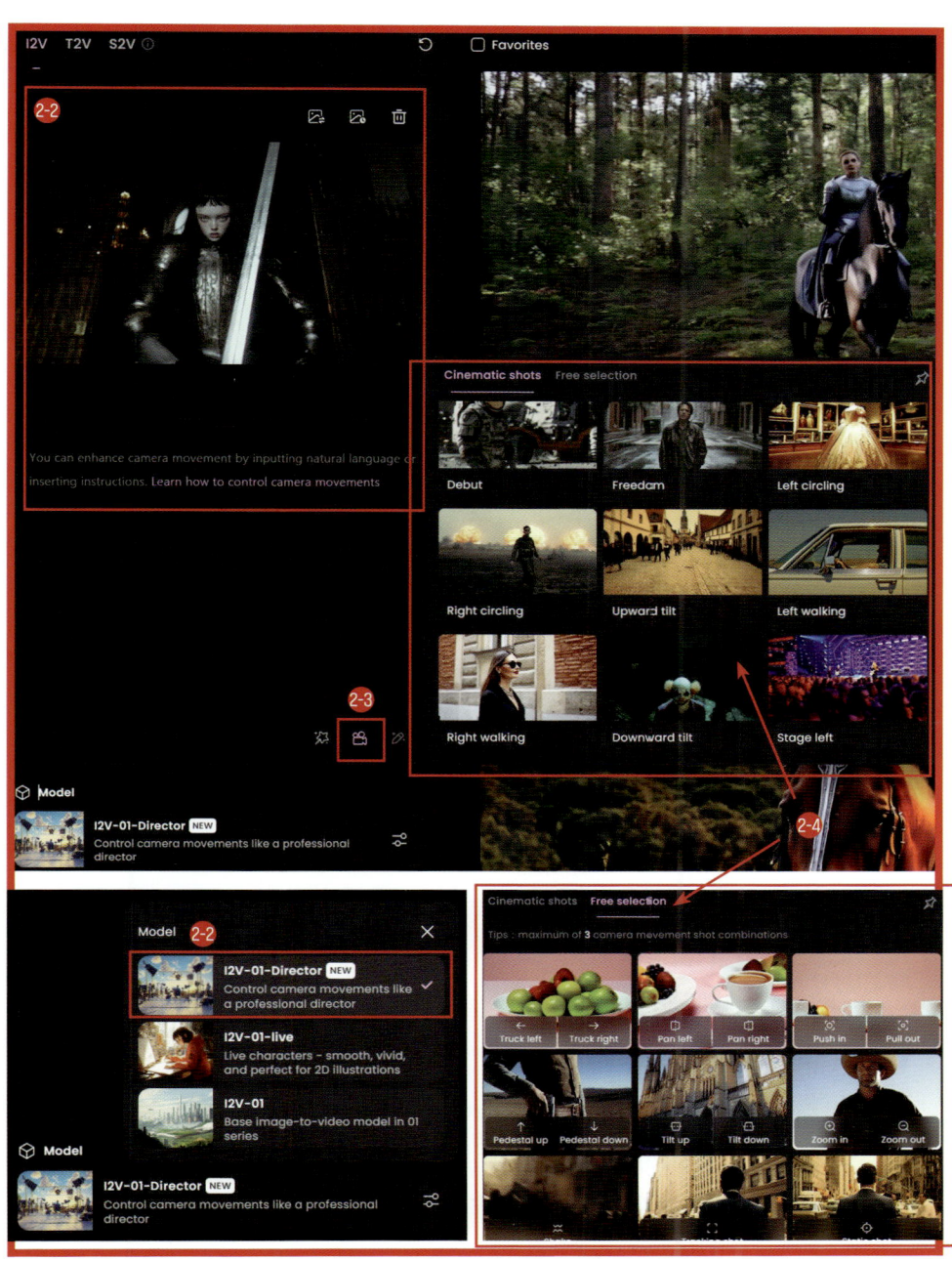

2. Hailuo 카메라 무빙 프리세팅 화면

2-1. 이미지 업로드, 프롬프트 작성

2-2. I2V-01-Director 탭 선택

2-3. 카메라 아이콘 선택

2-4. Cinematic shots으로 세팅된 카메라 무빙 선택
또는 Free Selection으로 원하는 무빙 조합 적용

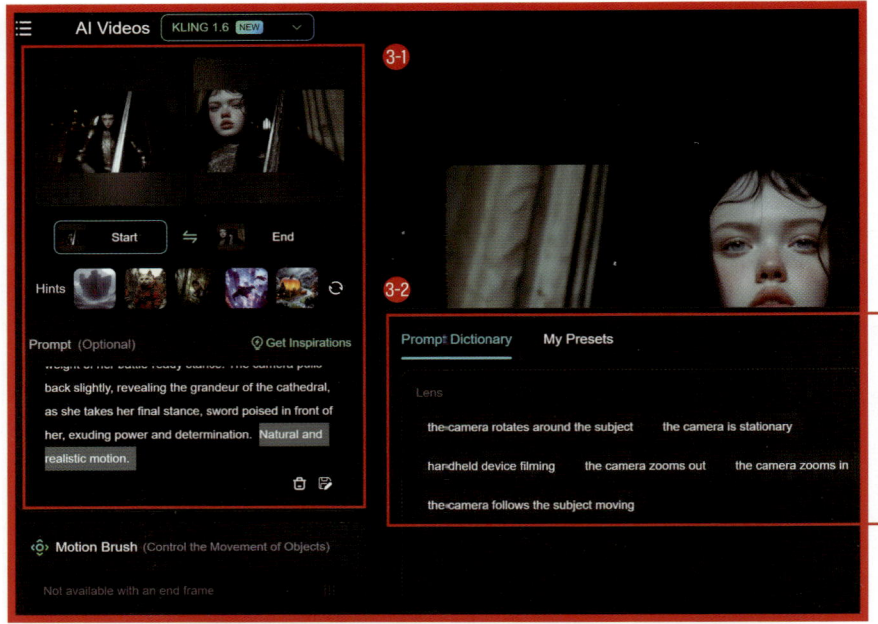

3. 클링(Kling) 카메라 무빙 프리세팅 화면

3-1. 이미지 업로드, 프롬프트 작성

3-2. 세팅된 카메라 무빙 선택 적용

미드저니 등으로 이미지 제작 시 사용했던 프롬프트 (단, --ar, --p, --sref 같은 파라미터 제외)를 영상 프롬프트에 복사해 적용해 보면, 이미지 생성에 넣었던 동작이나 상황과 비슷한 스타일과 분위기의 영상이 만들어지기도 합니다.

예를 들어서 이미지 생성할 때 프롬프트를 다듬과 같이 만들었다면,

"A cinematic action shot of a triumphant Black male marathon runner crossing the finish line at full speed, his muscles tensed with determination. Around him, a cheering crowd waves water bottles, some of which are mid-air, frozen in motion. The image is dynamically focused on the runner, with the surrounding environment blurred using a high-speed motion blur effect. The background features towering city buildings, and in the distance, other runners appear slightly out of focus. The scene is captured with a dramatic depth of field, golden sunlight casting long shadows, and dust particles catching the light. Shot on a high-end cinematic camera, 50mm lens, f/1.4, shallow depth of field, ultra-HD, vivid colors, dynamic motion, dramatic contrast, filmic look"

이를 복사하여 똑같이 영상 플랫폼 프롬프트에 기입하여 영상을 생성해 봅니다.

이미지 생성 프롬프트 (상)를 영상 생성(하)에 적용한 예시와 결과물

AI 영상의 특성상, 저화질로 생성되거나 움직임·표정이 뭉개지는 결과물이 나올 수 있습니다. 각 플랫폼의 품질 옵션(예: Kling의 Standard Mode vs Professional Mode)을 확인한 후, 가능하면 최고 품질로 생성하는 것이 좋습니다. 다만, 이 경우 비용이 증가하거나 영상 생성 처리 시간이 길어질 수 있습니다.

보다 몰입감 있고 영화 퀄리티에 가까운 영상을 원한다면, 해상도와 품질을 우선 고려해야 하며, 사용하는 이미지의 퀄리티도 충분히 높아야 합니다. 가능하면 1920px 이상의 이미지를 사용하는 것을 추천합니다. 대부분의 영상 플랫폼에서는 파일 용량 제한이 있기 때문에, 10MB 이하로 맞추는 것이 바람직합니다.

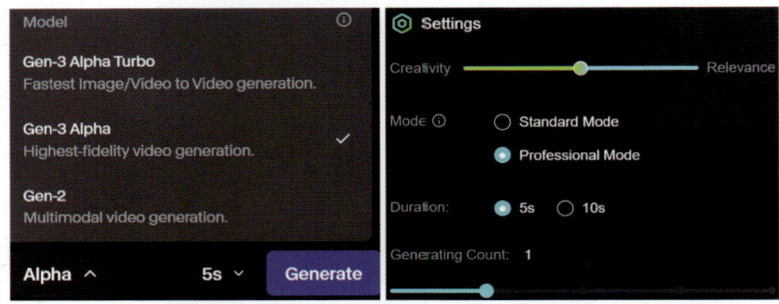

런웨이(Runway) 터보와 알파 (왼쪽), 클링(Kling)의 스탠다드와 프로페셔널 모드 설정 화면

영상 클립을 모두 만들었다면, 배경음악(BGM)을 준비해야 감정선과 연출 분위기를 한층 끌어올릴 수 있습니다. AI 음원 생성 플랫폼(예: Suno, Musicfx 등)을 활용하면, 원하는 스타일의 음악을 자동으로 작곡해 주는 기능이 큰 도움을 줍니다.

GPT에게 '이 시나리오에 어울릴 만한 단편 영화 BGM 스타일의 키워드'를 물어볼 수 있습니다. 예를 들어서 '긴장감 있는 스릴러, 약간의 전자음, 중간부터 템포가 빨라지는 구성'만 작성하는 게 아닌 'Suno로 제작할 프롬프트'와 같으 구체적으로 플랫폼을 지정해서 작성해 달라고 하면, GPT가 더 정교한 예시를 제공해 주기도 합니다.

1. BGM 스타일 개요

1. 장르/무드
    - **Suspenseful Cinematic**: 전반적으로 불안하고 긴장도는 분위기를 유지해야 합니다.
    - **Minimal & Atmospheric**: 과하지 않은 사운드 레이어를 통해, 밀실 공포와 심리적 압박감을 극대화합니다.
    - **Dark Ambient**: 저음역대(저주파 Drone, 심장 박동 같은 베이스)와 날카로운 톤(하이 피치 효과음)을 혼합해 불안감을 조성합니다.
    - **Eerie & Futuristic**: AI 감시·밀실 등 SF적 요소를 반영해, 전자음(Synth, Glitch 효과 등)을 섞어줍니다.

실제로 BGM을 생성하다 보면, 영상의 길이나 음악의 타이밍에 맞춰 음원의 길이나 위치를 조정해야 하는 경우가 많습니다. AI가 생성한 음원의 결과물이 만족스럽지 않다면, '조금 더 드라마틱하게', '더 낮은 BPM' 등의 표현을 추가한 프롬프트를 GPT로 생성하여 다시 음원을 만드는 것이 좋습니다.

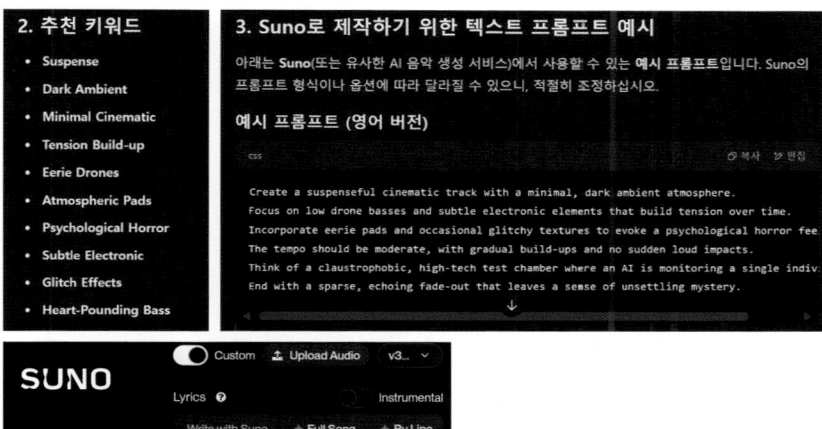

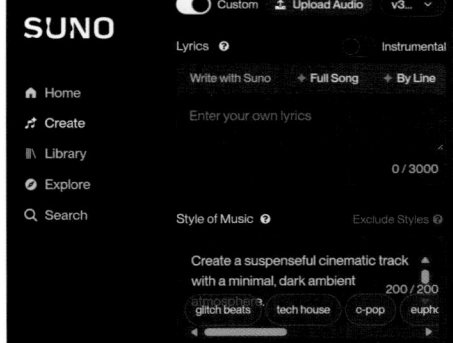

AI 플랫폼에서 만든 음원은 보통 상업적 이용 가능하다고 명시된 경우가 많지만, 플랫폼마다 약관이 다를 수 있으므로 확인이 필요합니다. 이 부분은 공모전 제출 또는 영화제 출품 시에는 BGM 라이선스도 꼼꼼히 체크해야 합니다.

BGM 외에도 영화적 몰입감을 높이기 위해서는 배경음(앰비언스)과 효과음(SFX, Sound Effects)도 필수적입니다. 예를 들어, 인물이 문을 여는 소리, 바람이 부는 소리, 전기 충격 사운드 등 특정 효과음을 추가하면 영상이 훨씬 생생하고 풍부해집니다. 이러한 음원들은 일부 웹사이트(예: MMAUDIO - Hugging Face)나 소프트웨어를 활용해 얻을 수 있습니다. 특히, 일부 플랫폼에서는 영상 클립을 업로드하면 장면을 분석해 자동으로 적절한 효과음을 합성해 주기도 합니다.

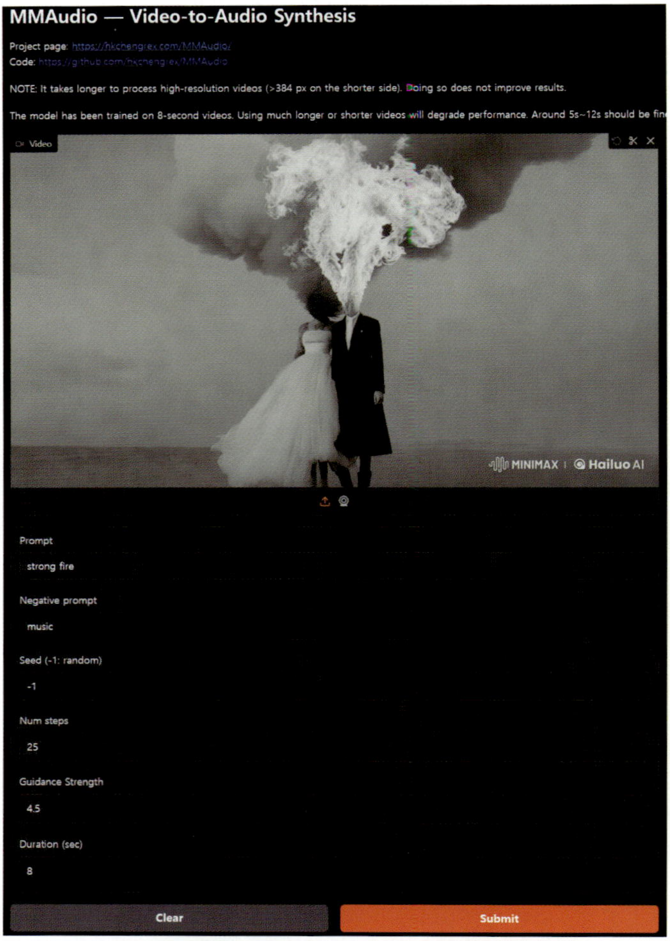

MMaudio 화면 및 적용 결과 예시

이외에도 다양한 플랫폼들에서 제공되는 음원 효과들을 통해서 직접 각 컷에 맞는 음원을 찾아서 덧입히는 방법도 있습니다.

대표적으로 캡컷 사운드, Pixabay, 유튜브, 유,무료 사이트 등이 있으니 참고해 보시는 걸 추천 드립니다. 그리고 BGM과 마찬가지로, 효과음도 상업적 사용이 가능한지 확인해서, AI

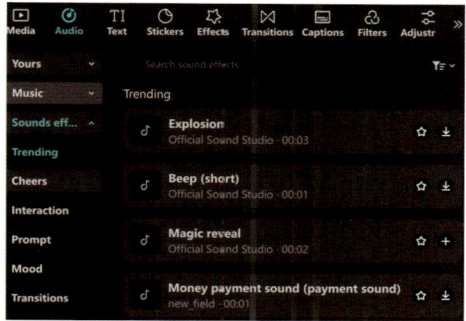

Capcut 사운드 이팩트 리스트 화면

생성 사이트로 제작하였다고 하더라도, 배경 데이터에 어떤 소스가 쓰였는지 잘 살펴봐야 불이익을 피할 수 있다는 점도 확인이 필요합니다.

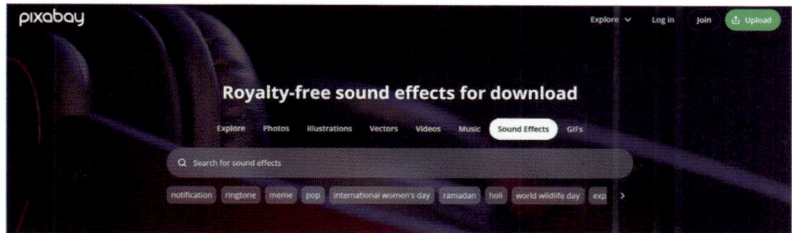

Pixabay 사운드 이팩트 화면

내러티브 부문으로 영화제에 출품할 영상을 제작할 경우, 대사가 포함된 장면에서는 입 모양과 음성이 자연스럽게 일치해야 합니다. 이를 립싱크 작업이라고 하며, 다양한 AI 영상 플랫폼에서 이러한 립싱크를 위한 더빙 기능을 제공하는 경우가 많지만, 지원하지 않는 경우도 있습니다.

만약, 사용하는 영상 플랫폼에서 TTS (Text-to-Speech, 음성 합성) 기능을 제공하지 않는다면, ElevenLabs, Typecast 등의 별도 TTS 서비스를 활용해 음성을 생성해야 합니다. 대사 스크립트를 해당 플랫폼에 입력하면 다양한 언어와 캐릭터별 AI 음성을 활용해 자연스럽고 감정이 담긴 목소리를 얻을 수 있습니다.

이렇게 생성된 음성 파일을 영상 플랫폼(또는 립싱크 전용 툴)에 업로드한 후, 인물의 입 모양과 동기화하는 과정을 거칩니다. 이때, 인식 오류나 조명 변화, 캐릭터의 과도한 움직임 등으로 인해 입 모양 추적이 제대로 이루어지지 않는 문제가 발생할 수 있으므로 이미지 생성 단계에서 이러한 요소를 미리 고려하는 것도 중요합니다.

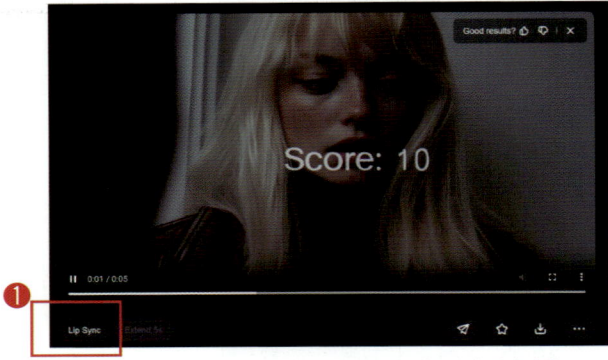

Kling 플랫폼 내부에 있는 Lipsync 기능을 사용하여 더빙 진행

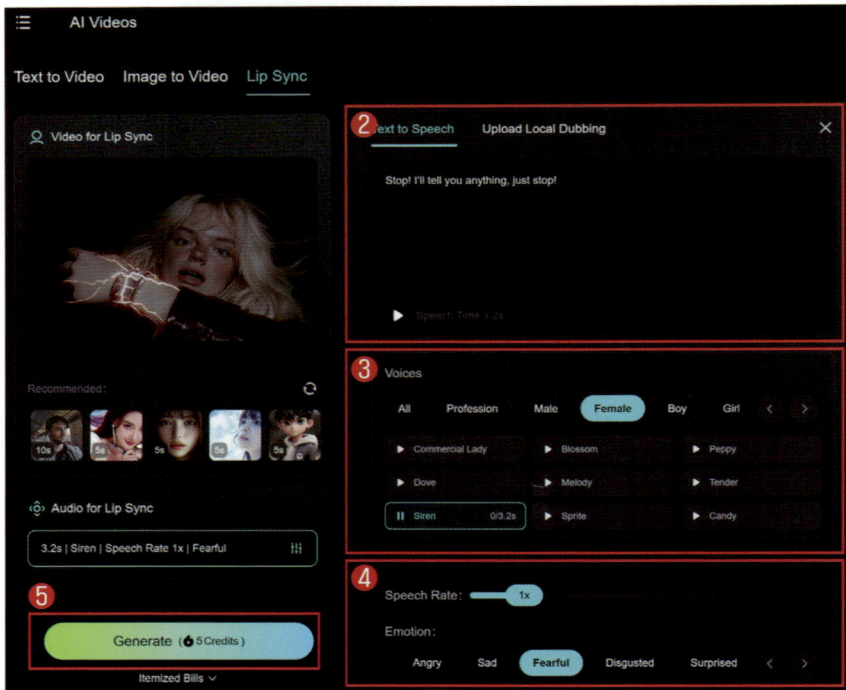

1. 영상 생성 후 생기는 Lip sync 버튼 클릭
2. 더빙 할 대사 입력 또는 더빙 파일 업로드
3. 목소리 선택
4. 목소리 감정 및 속도 조절
5. 더빙 생성

대사가 포함된 영상에는 자막을 삽입하면 일반 시청자는 물론, 청각 장애가 있는 시청자들에게도 도움이 됩니다. 특히, 영상이 다른 언어로 제작된 경우, 글로벌 시청자들을 위해 자막이 매우 유용하게 활용될 수 있습니다. 과거에는 자막을 일일이 입력해야 했지만, 최근에는 영상 편집 프로그램의 자동 자막(음성 인식) 기능을 활용해 더욱 쉽게 제작할 수 있습니다. 이를 통해 가독성과 몰입감을 높일 수 있어 보다 효과적인 영상 전달이 가능합니다.

캡컷을 통해 자동 자막 진행 화면

앞서 진행했던 모든 클립, BGM, 립싱크 영상, 효과음 등이 생성되었다면, 마지막으로 편집 프로그램(CapCut, Premiere Pro 등)을 통해 최종 조합 과정을 거칩니다.

1차 편집 같은 경우 스토리보드 순서를 그대로 따르되, 상황에 따라 컷 순서를 변경하면 영상 내용이 전혀 다르게 느껴지는 연출이 가능해집니다.

하나의 클립 영상 중간을 분할해서 중간에 다른 컷을 넣는 방스으로 편집하거나, 역재생, 슬로모션, 트랜지션(페이드, 디졸브 등)등 다양한 편집 기법을 적절히 배치해 영상의 리듬을 조절합니다.

AI로 생성한 장면에 추가적으로 비주얼 이펙트(VFX)를 넣어 시선을 끌거나 컬러 그레이딩(색보정)을 적용을 통해 통일감 있는 결과물을 만들 수 있습니다.

컷편집에 따른 스토리 변화 예시 영상

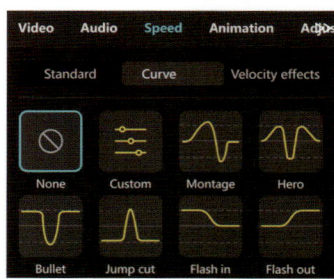

캡컷에서 스피드 조절 기능 화면 및 효과 적용 예시 영상

생성한 BGM의 박자를 드라마틱한 장면에 맞춰 편집한 후, 영상 전환과 연계하면 더욱 몰입감 높은 연출이 가능합니다. 또한, 효과음이 필요한 타이밍(예: 문이 열리는 순간, 전기 충격 장면 등)을 프레임 단위로 정밀하게 조정하면 더욱 프로페셔널한 느낌을 줄 수 있습니다.

영상 편집을 모두 마친 후에는, 전체 영상을 다시 재생하며 오류(끊김, 어색한 전환, 소리 겹침 등)가 없는지 꼼꼼히 점검해야 합니다. 최종적으로 마무리한 후, 파일로 저장한 뒤 한 번 더 확인하는 습관을 가지는 것이 좋습니다.

앞서 설명한 작업 방식을 활용해 다양한 장르의 영화 시나리오를 작성하고, 이미지 및 영상 생성 프로그램을 꾸준히 테스트하는 과정이 중요합니다. 이러한 반복 과정을 통해 어떤 프로그램을 어떤 장면에서 활용해야 할지에 대한 자신만의 노하우가 쌓이게 됩니다. 또한, 프리미어뿐만 아니라 캡컷(CapCut)처럼 직관적인 편집 기능과 다양한 효과를 제공하는 프로그램을 활용하면 초보자도 손쉽게 작업할 수 있어서, 전체 작업 효율을 크게 높일 수 있습니다.

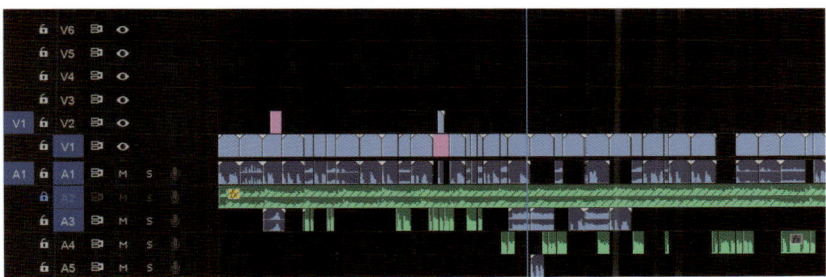

프리미어 프로를 활용한 최종 영상 편집 예시 이미지

캡컷을 활용한 편집 예시 이미지

AI를 활용한 영화 제작이 처음인 사람도 있겠지만, 영화는 조명, 세트, 구도, 인물 연기 등 고려해야 할 요소가 많아 다른 영상 장르보다 제작 과정이 까다롭습니다. 특히, 고품질 클립을 대량으로 생성하려면 GPU 등 하드웨어 비용이 증가할 수 있으며, 프롬프트 수정에도 상당한 시간이 소요된다는 단점이 있습니다.

그러나 완성도 높은 AI 영화가 실제 영화제에 출품되어 수상하는 사례가 점점 늘어나고 있으며, 평균 3분 내외였던 출품작의 길이도 점차 10분 이상으로 확대되는 추세입니다. 따라서 AI 영상 제작 노하우를 쌓고, 편집 및 스토리텔링 능력을 함께 기른다면 이러한 역량은 영화뿐만 아니라 광고, 뮤직비디오, 애니메이션 등 다양한 영상 분야로 확장할 수 있는 강력한 원동력이 될 것입니다.

최종 완성된 AI 영화 영상 예시

[꿀팁]
클링(Kling)에서 립싱크(Lipsync) 인식이 안 될 때

클링(Kling)에서 립싱크(Lipsync)를 제작할 때, 얼굴 방향이나 다른 물체에 가려 입 모양이 보이지 않거나 인물의 움직임이 심하게 흔들리거나 조명이 급격히 변화하면, AI가 입 모양을 제대로 인식하지 못해 립싱크 생성이 실패하는 경우가 있습니다.

이럴 때는 인식되지 않는 부분만 잘라내 별도로 파일을 생성한 뒤, 립싱크를 다시 진행하면 정상적으로 생성될 수 있습니다. 이후, 새로 생성된 파일을 기존 영상에서 잘라낸 부분과 다시 연결하여 최종 영상을 완성하면 됩니다.

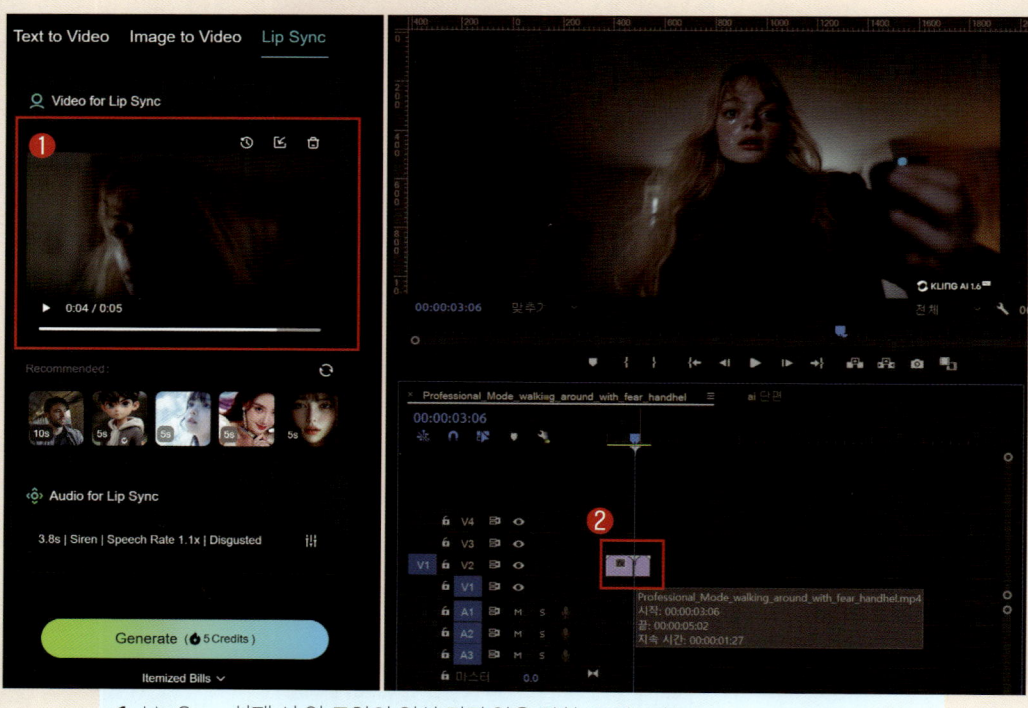

1. Lip Sync 실패 시 입 모양이 인식 되지 않을 단한 포인트 찾기.
2. Lip Sync 실패하는 파일을 편집 프로그램에서 인식되지 않는 부분을 삭제 후 별개의 파일로 저장 (예시에서는 5초 영상 길이 중 3초 이후 부분 삭제)

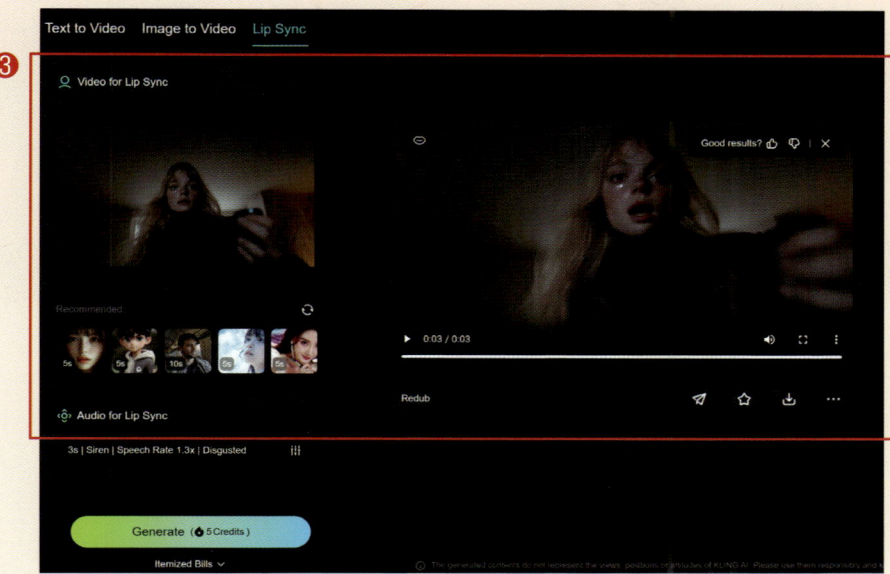

3. 편집 저장한 영상으로 립싱크 다시 진행
(Lip Sync 대사의 분량도 잘라낸 영상 길이에 맞춰서 조절)
(Lip Sync 제작 실패 시 오류 부분을 다시 체크해서 재편집)

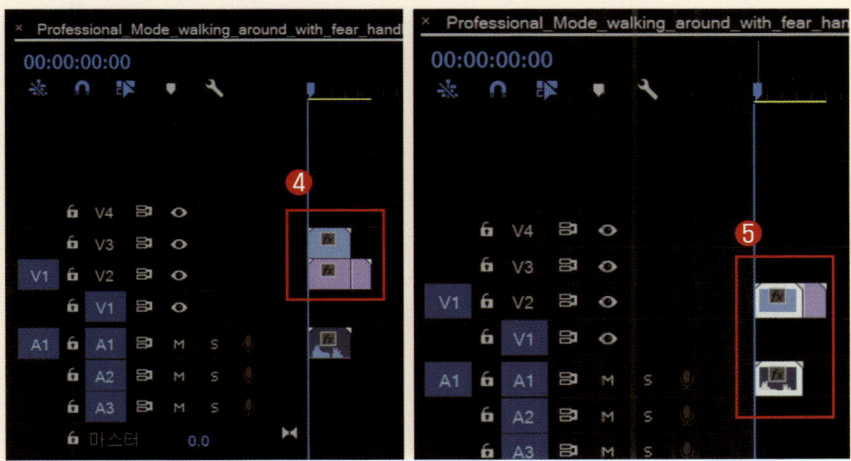

4. Lip Sync 성공 시 파일을 기존 원본 파일과 같이 불러옴
5. Lip Sync 된 부분을 원본에 덮어쓰고 저장

영화 장르 영상 제작 팁

　영화 장르의 영상을 제작할 때는 스토리텔링, 시각적 연출, 영상 문법 등 여러 요소가 조화롭게 결합되어야 합니다. 특히, AI를 활용하면 텍스트 프롬프트(명령어) 하나하나가 연출 결과에 큰 영향을 미치므로 기본적인 영상 문법을 공부하고 이해해야 합니다.

　AI를 활용한 스토리 제작에서는 GPT가 기본적인 골격을 빠르게 제공하지만, 그대로 사용하면 다소 평범할 수 있습니다. 독창성을 부여하려면 자신만의 핵심 아이디어를 추가하는 것이 중요합니다. 예를 들어, 독특한 세계관(레트로 SF, 디스토피아 등), 반전 결말, 상징적인 소품(특정 반지, 그림자 등)을 활용해 스토리를 특화할 수 있습니다.

　핵심 아이디어가 명확해지면 이를 시나리오(혹은 스토리보드)에 배치해 연출에서 강조하고 싶은 장면마다 반영합니다. 또한, GPT가 제공한 서사를 그대로 활용하기보다는 장면 전환(페이드 인/아웃, 점프컷 등), 조명, 캐릭터 표정 연출 등을 통해 개성을 담아내야 합니다. AI 이미지/영상 생성 시 특정 톤 앤 매너(차가운 블루 톤, 네온 컬러, 모노톤 등)를 활용하거나 프롬프트를 조정해 스타일을 확립할 수 있습니다.

　스토리와 시나리오가 잘 구성되었더라도, 단순한 '장면 나열'만으로는 밋밋한 결과물이 될 수 있습니다. 시각적 완성도를 높이려면 공간감, 카메라 움직임, 시선의 높이, 구도 등 영상학적 기법을 적절히 활용해야 합니다.

영상 화면의 스케일을 이용하라!

영화 제작에서 화면 스케일은 관객의 감정에 큰 영향을 미칩니다. 특정 장면에서는 와이드 샷을 활용해 웅장함을 강조하고, 다른 장면에서는 매크로 샷으로 세밀한 디테일을 부각할 수 있습니다.

와이드 샷(Wide Shot / Extreme Wide Angle)은 공간감을 극대화하여 압도적인 분위기를 연출합니다. 광활한 풍경, 우주, 대도시 전경 등을 담을 때 효과적입니다.

예시 프롬프트

"A massive desert landscape under scorching sun, extreme wide angle shot, cinematic composition."

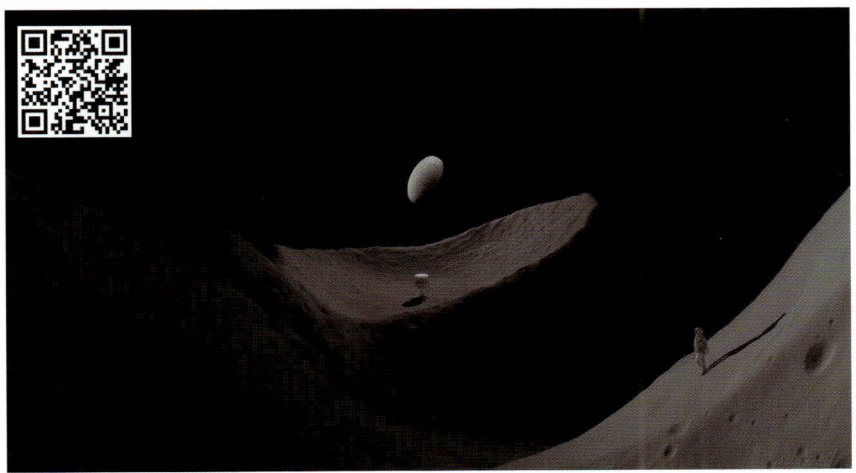

와이드 앵글 영상 예시

와이드 샷과 반대 개념인 매크로 화면(Macro Lens / Close-up) 구성은 아주 작은 디테일(예: 곤충의 날갯짓, 물방울의 표면 등)을 마치 현미경으로 보는 것처럼 확대하여 시청자에게 신비감을 제공합니다. 이러한 기법은 영상의 한 요소로 활용되어 더욱 매력적인 연출을 가능하게 합니다.

예시 프롬프트

"Macro lens shot of a dew drop on a leaf, hyper-detailed, shimmering reflections, cinematic lighting."

매크로 렌즈 효과 영상 예시

특수 렌즈인 틸트 렌즈를 활용한 Tilt-shift 기법은 실제 사물이나 사람을 마치 장난감처럼 보이게 만드는 미니어처 효과를 연출할 수 있습니다. 장면에 독특한 느낌을 주거나, 환상적인 분위기를 더욱 강조할 수 있습니다.

예시 프롬프트

Tilt-lens effect miniature photography scene of numerous tiny people building modern skyscrapers, intricate scaffolding, and cranes in a toy-like cityscape. Hyper-detailed, photorealistic textures, bright daylight, cinematic sense of scale, with shallow depth of field and soft bokeh blur to emphasize the miniature effect --ar 16:9 --s 250 -p)

틸트 렌즈 효과 영상 예시

화면의 움직임을 이용하라!

같은 장소와 인물이 등장하더라도, 카메라 움직임에 따라 관객이 받는 감정적 인상은 크게 달라집니다. AI 영상 플랫폼에서도 특정 키워드(프롬프트)를 활용해 카메라 워크를 모방할 수 있습니다.

줌인과 줌아웃(영상 프롬프트 키워드: zoom, push, dolly 등)은 가장 많이 활용되는 카메라 움직임입니다. 각 플랫폼마다 효과적인 키워드가 다를 수 있으므로, 여러 키워드를 시도해보며 최적의 조합을 찾는 것이 중요합니다.

인물의 감정을 강조할 때는 얼굴 표정을 부각하는 줌인을 주로 사용하며, 인물이 처한 상황과 감정을 함께 전달하려면 줌아웃을 활용해 주변 환경을 보여주는 것이 효과적입니다.

줌아웃 영상 예시

Rotates 샷(영상 프롬프트 키워드: Rotates, circling, orbit 등)은 피사체를 중심으로 카메라가 회전하며 촬영하는 기법입니다. 피사체 주변을 보여줌으로써 몰입감, 긴장감, 역동성을 강조할 수 있으며, 영상을 더욱 드라마틱하게 연출하는 데 자주 활용됩니다.

Rotates 영상 예시

틸트(영상 프롬프트 키워드: crane, tilt 등) 무빙 기법은 카메라가 수직으로 움직이는 촬영 방식입니다. 위에서 아래로(Tilt Down) 또는 아래에서 위로(Tilt Up) 각도를 변경하며 촬영하여 권위감과 위압감을 강조하거나, 웅장한 환경을 보여줄 때 활용됩니다.

Tilt 영상 예시

패닝 샷(영상 프롬프트 키워드: pan)은 카메라를 고정된 위치에서 좌우로 회전(Pan Left / Pan Right)하며 촬영하는 기법입니다. 움직이는 피사체를 따라가거나 공간을 탐색하는 느낌을 줄 때 활용되며, 역동성과 몰입감을 높이는 효과가 있습니다.

패닝샷 영상 예시

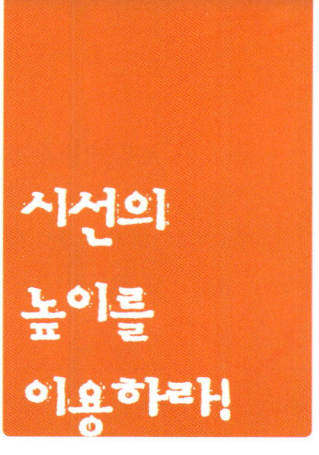

시선의 높이를 이용하라!

카메라의 촬영 시점에 따라 관객이 느끼는 감정도 달라집니다. 로우 앵글(이미지 프롬프트 키워드: Low angle, worm view)은 아래에서 위를 바라보는 구도로, 대상의 위압감이나 카리스마를 강조할 때 자주 사용됩니다. 예를 들어, 악당이나 영웅을 더 거대하고 강력하게 보이도록 연출할 때 효과적입니다.

예시 이미지 프롬프트

cinematic photography, a blonde girl wear sweater and white jean w th shoes, look down at the camera, snowing, full body, high contrast, cinematic, hyper realistic, 32k

로우앵글 예시

하이 앵글(이미지 프롬프트 키워드: High angle, top view)은 로우 앵글과 반대되는 기법으로, 위에서 아래를 내려다보는 구도입니다. 이를 통해 대상이 작게 보이거나 상황에 취약해 보이는 효과를 줄 수 있습니다. 주요 캐릭터가 위험이나 공포를 느끼는 장면에서, 캐릭터를 작게 연출해 불안감을 조성하는 데 활용됩니다.

예시 이미지 프롬프트

top view, a superman wear pure white color superman suit, look down to the camera, sit on the top of high skycraper, multi exposure, background street, street ambient lighting, 32k, elaborate

하이 앵글 예시

Bird's Eye View 또는 드론뷰(이미지 프롬프트 키워드: aerial angle, drone view)는 극도로 높은 시선(하늘에서 내려다보는 시점)에서 촬영하는 앵글로, 도시 전경이나 장면 전체를 효과적으로 보여줄 수 있습니다. 주로 전투 장면, 추격 장면 등에서 전체 구도를 한눈에 전달하는 데 유용하게 활용됩니다.

예시 이미지 프롬프트

cinematic photography, An overhead, bird eye view of public tennis courts in orange and yellow color next to a desert landscape with a street and parking cars. There is a huge black spray painted message overtaking the entire 5 courts says "Don't be shy". Sunny day with low lights and long shadows --ar 2:3

드론 뷰 앵글 예시

화면의 구성을 이용하라!

영상의 프레임 구성은 스토리 전달에 큰 영향을 미칩니다. 구도에 따라 인물이나 사물의 위치, 비율, 여백 등이 달라지며, 이는 시청자가 받는 인상에도 변화를 줍니다.

2분할(이미지 프롬프트 키워드: Split Screen) 프레임 구성은 하나의 화면을 두 영역으로 나누어 동시 진행되는 장면을 보여주거나, 대조적인 상황을 병렬로 배치할 때 활용됩니다.

2분할 구성 이미지 예시

여백 활용 (이미지 프롬프트 키워드: Minimal Composition) 프레임 구성은 미니멀 구도로 배경을 넓게 두고, 피사체를 작게 배치해 고독함이나 쓸쓸함을 표현할 수 있습니다.

여백 구성 이미지 예시

황금비율(이미지 프롬프트 키워드: Golden Ratio Composition)과 삼분할(Rule of Thirds) 프레임 구성은 가장 널리 알려진 구도 방식으로, 시각적으로 안정감을 주면서도 주요 대상을 비대칭적 위치에 배치하여 시선을 끌어당깁니다.

황금비율, 삼분할 구성 이미지 예시

소실점(이미지 프롬프트 키워드: Vanishing Point Perspective) 프레임은 선이 모여드는 지점을 강조하여 원근감과 깊이를 부각하는 데 효과적입니다. 예를 들어, 도시 거리나 긴 복도 등의 장면에서 활용할 수 있습니다.

소실점 구성 이미지 예시

프레임 인 프레임(이미지 프롬프트 키워드: Frame within a Frame) 구성은 창문, 문틀, 거울 등을 활용해 인물이나 장면을 화면 속 또 하나의 프레임 안에 배치하는 이중 구도입니다. 이를 통해 독특한 분위기를 연출하고, 장면의 의미를 더욱 깊이 전달할 수 있습니다.

프레임 인 프레임

Part_02 돈이 되는 영상, 제작준비부터 편집과 꿀팁까지!

깊이감을 생성하라!

영화에서는 Depth of Field(심도)를 활용해 공간감을 극적으로 표현합니다. 앞뒤 배경이 부드럽게 흐려지고, 주 피사체가 또렷하게 부각되면 시청자의 몰입감을 더욱 높일 수 있습니다.

심도는 빛과 그림자(프롬프트 키워드: light and shadow, high contrast)를 활용해 조절할 수 있습니다. 강한 빛으로 배경을 어둡게 만들고 전경의 인물만 또렷하게 강조하면, 캐릭터의 존재감을 극대화할 수 있습니다. 또한, 그림자를 이용해 얼굴의 절반을 가리거나, 특정 부분만 남기고 나머지를 어둡게 드리우면 미스터리함과 긴장감을 효과적으로 표현할 수 있습니다.

프롬프트 예시

Portrait photography, a blonde girl turns slightly while looking at the camera. light and shadow, high contrast, bw --v 6.1 --ar 2:3 --s 250 --p

명암에 따른 심도 차이 비교 예시

심도를 만드는 또 다른 방법으로는, 카메라 가까이에 있는 대상을 아웃 오브 포커스(흐릿하게) 처리하고, 배경의 피사체에 초점을 맞추거나, 반대로 전경을 선명하게 하고 배경을 흐리게 설정하는 방식이 있습니다. 이러한 시각적 구성을 활용하면 이미지에 깊이감을 더하는 데 효과적입니다.

보통 왼쪽과 오른쪽에 위치한 피사체를 각각 명확하게 지정하는 프롬프트를 사용하여 이미지를 생성합니다.

프롬프트 예시

cinematic photography. On the left side of the frame, a rabbit is near the camera seen from a distance. On the right side, a full body of lion. The lighting is moody with a shallow depth of field and dark tones. mysterious, with rain adding to the hide-and-seek concept --stylize 250 --p --ar 2:3 --v 6.1

Part_02 돈이 되는 영상, 제작준비부터 편집과 꿀팁까지!

화면 앞 대상을 이용한 샷 예시

영상의 톤 앤 매너를 선택하라!

영화에서 전체적인 색감은 감정을 전달하는 중요한 요소입니다. 장르에 따라 색조와 톤을 어떻게 설정하느냐에 따라 분위기가 크게 달라집니다.

예를 들어, 코미디·로맨스 장르는 밝고 산뜻한 색감과 부드러운 콘트라스트를 사용하며, 느와르·스릴러 장르는 어두운 톤과 강한 그림자, 극적인 명암 대비 또는 흑백 효과를 활용합니다. SF·판타지 영화는 네온 계열, 메탈릭 광택, 차가운 색감을 강조하고, 공포·호러 장르는 낮은 채도, 강한 대비, 거친 필름 그레인과 차가운 블루 톤을 활용해 긴장감을 조성합니다. 이러한 색감의 특징을 이해하고 적절히 적용하면, 장르별로 더욱 몰입감 있는 영상을 제작할 수 있습니다.

톤 앤 매너와 관련된 프롬프트 키워드에는 darkness, fog, bw, bright light, neon, retro, vintage, cinematic color grading, low contrast, vivid color, mute color 등이 있으며, 이 외에도 무수히 많은 조합이 가능하기 때문에 다양한 테스트를 해보는 것이 중요합니다.

또한, 장르를 의도적으로 비트는 스타일(예: 로맨스 영화에서 극단적으로 어두운 톤 사용)은 신선한 느낌을 줄 수 있지만, 관객이 의도를 이해하지 못하면 혼란을 초래할 수 있습니다. 따라서 메시지를 분명하게 전달하기 위해 색채 언어가 스토리와 조화를 이루는지 지속적으로 확인하며 작업하는 것이 중요합니다.

Part_02 돈이 되는 영상, 제작준비부터 편집과 꿀팁까지!

코미디 / 로맨스 톤 예시

느와르 / 스릴러 톤 예시

SF / 판타지 톤 예시

호러 톤 예시

AI 영화에 잘 어울리는 미드저니 Sref 코드 모음

112

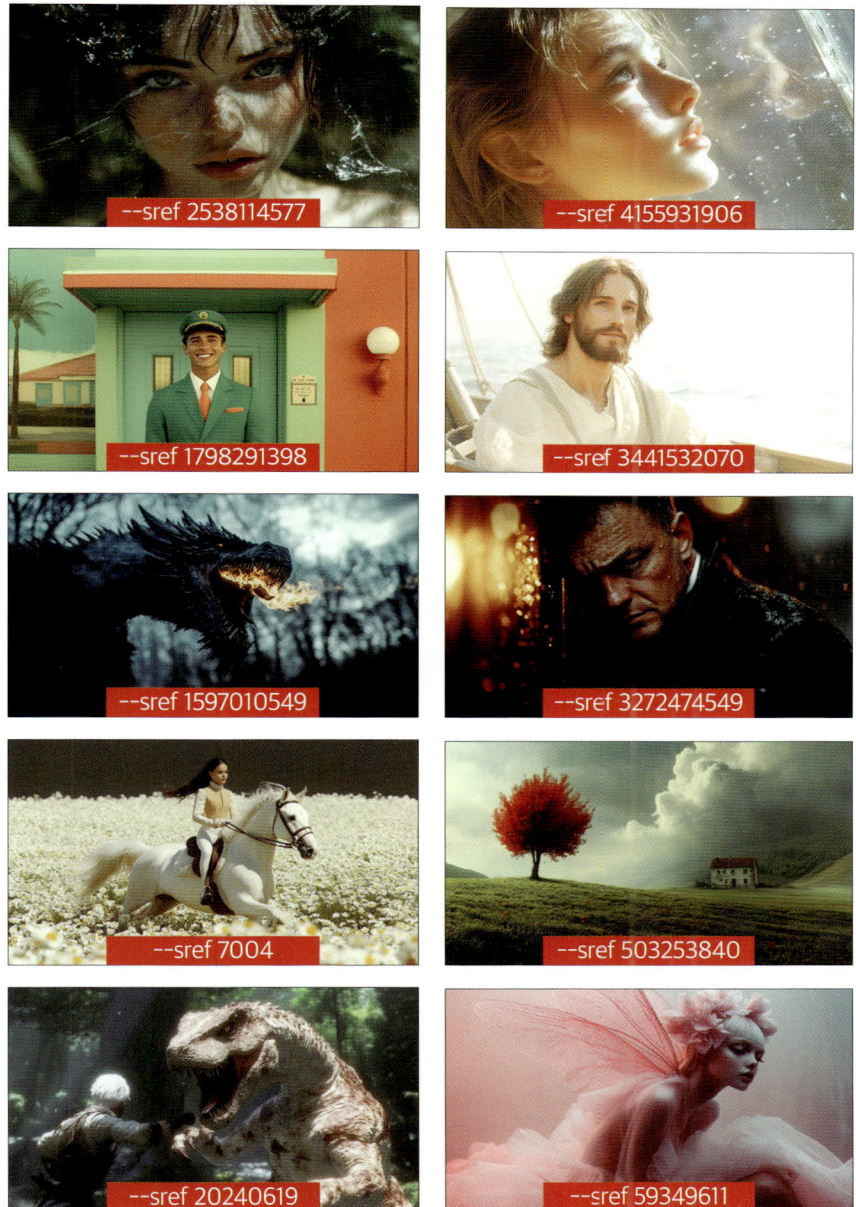

2. 다큐와 교육 영상, 데이터가 돈이 된다!

AI 영상 시대가 도래하며, 교육 및 다큐멘터리 분야가 빠르게 성장하고 있습니다. 과거에는 이러한 콘텐츠를 제작하려면 방송국 수준의 인프라, 전문 제작진, 그리고 장시간의 현장 촬영이 필수적이었습니다.

그러나 이제는 AI를 활용해 단 한 명의 크리에이터가 기획, 제작, 편집, 유통의 전 과정을 수행할 수 있게 되었습니다. 특히, AI 기반 콘텐츠 제작자는 SNS 채널(유튜브, 틱톡 등)을 통해 전 세계 시청자와 직접 소통하며, 지속적인 수익 창출까지 가능해졌습니다. 콘텐츠가 AI를 통해 더욱 쉽고 빠르게 생산되는 시대에서, 개인이 꾸준히 데이터를 축적하고 자신만의 IP(지적 재산)를 창출하는 것은 그 어느 때보다 중요한 자산이 되고 있습니다.

1. AI가 낮춘 교육·다큐 영상의 진입 장벽

과거에는 교육 콘텐츠를 제작하려면 강사가 직접 카메라 앞에서 강의를 진행해야 했고, 다큐멘터리를 만들려면 현장을 찾아가 인터뷰와 촬영을 진행해야 했습니다. 그러나 이제는 AI 가상 모델이 강사 역할을 대신하거나, 가상의 3D 환경을 조성해 필요한 장면을 합성할 수 있어 인적, 물적 비용이 크게 절감되었습니다.

가상의 강사 영상 예시

또한, 다큐멘터리를 제작하려면 방대한 자료 조사가 필요했지만, 이제는 AI가 인터넷상의 데이터를 요약하고 연결해 주면서 효율성이 크게 향상되었습니다. GPT나 웹 검색 AI를 활용하면 필요한 텍스트 정보를 빠르게 정리할 수 있어 사전 연구 부담이 상당히 줄어듭니다.

뿐만 아니라, 촬영/편집/자막/나레이션 등 각 프로세스가 AI를 통해 자동화되면서 영상 제작이 더욱 쉬워지고 있습니다. 이를 활용하면 초보자도 전문 장비 없이 손쉽게 고퀄리티 영상을 제작할 수 있고, 이렇게 만들어진 영상들은 SNS를 통해 빠르게 확산될 수 있습니다.

2. 정보 전달형 콘텐츠의 매력: '데이터'가 쌓인다

정보 전달형 콘텐츠의 가장 큰 장점 중 하나는 시간이 지나도 꾸준히 조회수가 발생할 수 있다는 점입니다. 이는 곧 데이터가 수익으로 연결되는 구조로 발전할 가능성이 크다는 것을 의미합니다. 예를 들어, 특정 역사 다큐멘터리나 과학 실험 영상을 업로드하면, 유행이 지나도 필요할 때마다 사람들이 찾아보게 됩니다. 한 번 제작해 올린 영상이 꾸준히 누적 조회수를 쌓으며, 지속적인 광고 수익을 창출할 수 있어 장기적인 수익화에 유리합니다.

이러한 다큐멘터리·교육 영상을 커리큘럼 형태로 정리하면 온라인 강의, 웹 세미나, 오프라인 워크숍 등으로 2차 활용이 가능합니다. 예를 들어, '환경 보전 다큐' 시리즈를 모아 '환경학 기초 강의'로 발전시켜 별도의 교육 플랫폼(콜로소, 패스트캠퍼스, 인프런 등)에서 유료 강의로 판매할 수도 있습니다.

추가적으로, 교육 콘텐츠의 경우 교재, 워크북, 실습 키트 등과 연계해 굿즈 판매가 가능하며, 다큐멘터리의 경우 해당 주제에 관심 있는 마니아층을 대상으로 굿즈, NFT, 독점 자료(추가 사진·영상) 등을 유통하는 방식으로도 수익화를 시도할 수 있습니다.

3. 콘텐츠와 관련한 전문 지식에 따른 메리트

특히, 교육 콘텐츠에서는 특정 분야(음악, 과학, 역사, 경제 등)에 대한 전문 지식을 갖추고 있다면 콘텐츠 차별화에 큰 도움이 됩니다. 심화된 정보를 제공하거나 전문가로서의 신뢰도를 쌓을 수 있어 고정 팬을 확보하기에도 유리합니다.

비록, 특정 분야의 전문가가 아니더라도 GPT를 활용하면, 핵심 개념을 정리하고 초등학생부터 성인까지 난이도에 맞춰 조절할 수 있습니다. 예를 들어, "7살 아이가 이해할 수 있도록 우주의 별 진화 과정을 설명해줘"라고 요청하면, GPT가 쉽게 풀어 쓴 내용을 제공하며 이를 바탕으로 영상 스토리를 구성해 제작할 수 있습니다.

어린이용 교육 콘텐츠를 제작할 때, 부모라면 실제 육아 경험에서 얻은 인사이트를 반영할 수 있습니다. 이는 공감대 형성과 더불어, 무분별한 알고리즘 추천으로 인해 노출될 수 있는 유해 콘텐츠를 차단하는 데도 도움이 됩니다. 더 나아가, 부모가 원하는 주제와 수준의 영상을 직접 제작하여 자녀에게 보여줄 수 있다는 점도 큰 장점입니다.

4. 유튜브와 틱톡을 통한 수익화

유튜브(YouTube)에서 아이들을 대상으로 한 교육 콘텐츠는 반복 재생이 많아 시청 시간이 길게 누적되기 쉽습니다. 그러나 키즈 채널의 경우, 영상 콘텐츠에 대한 제약이 많고 별도의 채널 관리가 필요한 경우가 많습니다. 또한, 유튜브의 수익화 조건(구독자 1,000명, 연간 시청 시간 4,000시간 등)을 충족해야 광고 수익을 받을 수 있다는 허들도 존재합니다. 하지만 장기적으로 키즈 채널을 제대로 성장시키면, 스폰서쉽, 기업 협업, 교재 제작 등 다양한 수익원을 확보할 수 있습니다.

반면, 틱톡(TikTok)은 짧은 형식(15~60초)에 맞춰 성인을 대상으로 한 스낵형 교육 정보를 제공하는 데 효과적입니다. 예를 들어, '15초 과학 실험 팁'이나 '비즈니스 실전 영어 단어 5개 빠르게 배우기' 같은 콘텐츠는 많은 사람들이 관심을 갖는 주제입니다. 틱톡은 아직 광고 수익 체계가 유튜브만큼 발달하지 않았지만, 바이럴이 잘 일어나기 때문에 채널 홍보와 브랜드 파워를 높이는 데 큰 도움이 됩니다.

이러한 이유로 최근에는 한 개의 채널만 고집하지 않고 멀티 플랫폼을 활용하는 방식이 선호되고 있습니다. 유튜브에 풀 버전 영상을 올리고, 틱톡이나 유튜브 쇼츠에 짧은 티저 영상을 올려 유입을 유도하는 전략이 대표적입니다. 이를 통해 더 많은 시청자에게 콘텐츠를 노출할 수 있으며, 수익도 분산할 수 있습니다. 또한, 이러한 다채널 편집 작업 역시 AI 플랫폼을 활용해 자동화하는 추세입니다.

5. 아이들을 위한 교육 영상 제작 프로세스

아이들을 대상으로 한 교육, 정보 영상은 아이들이 흥미를 느끼는 주제를 선정하는 것이 중요합니다. 공룡, 우주, 동물, 과학 실험, 위인전 등이 인기 주제인데, GPT를 활용해 '초등학생에게 인기 있는 과학 주제 5가지'를 질문하여 아이디어를 얻을 수도 있습니다. AI로부터 얻은 아이디어를 바탕으로 장면 구성을 짧고 명확하게 계획하고, 스토리보드 형식으로 정리해 준비하는 것이 좋습니다. 또한, '3단계 실험', '4가지 공룡 유형'처럼 숫자를 활용하는 방식은 어린이들이 이해하기 쉬운 구성법이므로 적극 추천합니다.

이러한 준비가 완료되었다면, 미드저니(이미지 생성), 런웨이(Runway) / 클링(Kling) / 피카(Pika) 등을 이용해 캐릭터와 배경을 영상으로 제작할 수 있습니다. 나레이션이 필요한 경우, TTS(ElevenLabs 등)를 활용해 가상의 목소리를 생성하거나, 엄마의 실제 목소리처럼 친근한 톤의 음성을 학습시켜 사용할 수도 있습니다. 앞서 언급한 캡컷(CapCut), 프리미어(Premiere) 등의 편집 프로그램을 활용해 간단한 자막을 추가하고, 밝고 경쾌한 BGM을 삽입하여 완성도를 높일 수 있습니다. (단, 저작권 무료 음원 사용을 권장합니다.) 시청 대상이 어린이임으로 고려해 텍스트와 그래픽을 크고 알록달록하게 배치하면 집중도를 높이는 데 효과적입니다.

영상 제작을 마친 후 업로드하면 댓글과 좋아요 등의 반응을 살펴 추가 제작 방향을 정할 수 있습니다. 예를 들어, 댓글에 "다음엔 공룡 대신 심해 생물을 알려주세요!"라는 요청이 달린다면, GPT를 활용해 새로운 영상 시나리오를 기획할 수 있는 것입니다. 이처럼 시청자의 피드백을 반영하며 지속적으로 콘텐츠를 발전시키는 것이 중요합니다.

6. 교육·다큐 영상의 미래와 확장성

AI 기술이 발전함에 따라, 교육 및 다큐멘터리 영상의 제작 속도와 품질은 지속적으로 향상될 것입니다. 그 결과, 다음과 같은 트렌드가 예상됩니다. 단순 시청을 넘어, 시청자가 퀴즈나 미니 게임을 통해 능동적으로 참여하는 학습 방식이 확대될 것입니다. 기존의 일방적인 정보 전달에서 벗어나, 상호작용을 통해 학습 경험을 제공하는 콘텐츠가 증가할 것입니다.

AI가 실시간으로 사용자 반응을 분석해 맞춤형 영상을 출력하는 시대도 머지않았습니다. 특히, 교육·다큐멘터리 영상이 VR·AR 기술과 결합하면, 학습자가 가상 현실 속에서 직접 체험하며 학습하는 것이 가능해질 것입니다. 예를 들어, 가상 우주 탐험을 통해 행성을 탐색하거나, AR을 활용해 공룡 박물관을 투어하는 경험이 현실화될 수 있습니다.

뿐만 아니라, AI는 개개인의 수준과 관심사에 맞춰 커리큘럼과 영상을 개인화할 수 있어, 특정 수학 개념이나 특정 시대의 역사와 같은 세분화된 분야에서도 새로운 시장이 열릴 가능성이 큽니다. 이러한 변화는 교육 콘텐츠를 제작하는 크리에이터에게 큰 기회가 될 것이므로, AI를 활용한 교육 콘텐츠 제작에 주목할 필요가 있습니다.

7. 롱폼과 숏폼 영상

앞에서 다룬 동화 및 정보성 콘텐츠를 유통하는 대표적인 채널은 유튜브입니다. 전통적으로 긴 영상을 중심으로 성장해 왔으나, 최근에는 짧은 숏폼(Shorts) 콘텐츠가 빠르게 확산되고 있습니다. AI 크리에이터들이 유튜브를 활용해 수익을 창출하려면, 롱폼(Long-form)과 숏폼(Short-form)의 차이를 이해하고 이를 전략적으로 활용하는 것이 중요합니다. 각각의 특징과 장단점을 비교하면서 어떤 방식이 더 효과적인지 살펴보겠습니다.

유튜브 롱폼 콘텐츠는 짧게는 3분, 길게는 몇 시간까지 제작할 수 있어 깊이 있는 정보 제공과 몰입감 있는 스토리텔링이 가능하다는 점이 가장 큰 장점입니다. 특히 AI를 활용하면서 롱폼 콘텐츠 제작의 여러 단계에서 도움을 받을 수 있게 되었습니다. 예를 들어, AI 기반 트렌드 분석 도구를 사용하면 특정 주제나 키워드의 검색량과 조회수를 분석하여 인기 있는 콘텐츠를 기획하는 데 도움이 됩니다. 또한 실시간 데이터를 분석해서 어떤 주제가 유행하는지 파악하고, 시청자의 관심을 끌 수 있는 방향으로 콘텐츠를 최적화할 수도 있습니다. 제작자는 보다 효과적인 주제를 선정할 수 있고, 이를 스크립트 작성에도 활용하여 키워드나 주제에 맞춰 논리적인 구조를 가진 스크립트를 LLM을 통해 생성할 수 있으며, 필요한 부분을 수정하고 보완하는 작업도 훨씬 수월해졌습니다. 다만, AI만으로 롱폼 콘텐츠를 제작하기에는 한계가 있으므로, 실제 촬영본과 AI 콘텐츠를 접목하는 방식이 좋으니 이를 잘 기획하여 제작하는 것을 추천합니다.

이렇게 제작된 유튜브 롱폼 콘텐츠의 수익화 방식은 광고 수익, 브랜드 협찬, 제휴 마케팅, 그리고 본인 제품·서비스를 직접 판매하는 방법 등 다양합니다. 제작자가 일정 요건(구독자 1,000명, 연간 시청 시간 4,000시간 등)을 충족하면 유튜브 파트너 프로그램에 가입할 수 있으며, 조회수/ 슈퍼챗/ 채널 멤버십 등을 통해 수익을 창출할 수 있습니다. 롱폼 콘텐츠의 경우 영상 길이가 길어 여러 개의 광고 삽입이 가능하다는 점에서 조회수 기반 수익 극대화에 유리합니다. 평균적으로 조회수 수익은 콘텐츠의 주제, 길이, 시청 지속 시간 등에 따라 다르게 계산됩니다.

브랜드 협찬(PPL)은 기업과 협업하여 특정 제품을 콘텐츠 내에서 자연스럽게 노출하는 방식으로, 브랜드로부터 광고비를 받아 진행합니다. 채널이 어느 정도 성장해야 협찬 문의가 들어온다는 점에서 제한이 있지만, 수익성이 가장 높은 방식 중 하나입니다. AI를 활용하면 다양한 형식의 광고를 제작할 수 있어 브랜드 협업 효과를 극대화할 수 있습니다.

제휴 마케팅(어필리에이트)은 특정 제품이나 서비스를 홍보하고, 구매 링크를 통해 발생한 수익의 일정 비율을 얻는 방식입니다. 예를 들어, 패션 아이템을 착용한 장면이나 사용법을 설명하는 튜토리얼을 짧게 편집해서 시청자들에게 긍정적인 이미지를 심어주고, 판매 링크나 SNS 계정을 안내하여 바로 구매나 문의가 가능하도록 만드는 방식입니다.

유튜브에 영상을 업로드할 때, 노출 최적화를 위해서는 콘텐츠의 내용뿐만 아니라 다양한 설정을 신경 써야 합니다. 예를 들어, 음악 관련 콘텐츠는 '음악' 카테고리, 여행 콘텐츠는 '여행' 카테고리를 선택해야 유튜브 알고리즘이 이를 정확하게 인식하고 적절한 시청자에게 노출할 수 있도록 합니다. 이 외에도 제목, 설명, 키워드, 채널 설정 등 유튜브 운영에 필요한 여러 요소를 고려해야 합니다. 유튜브를 효과적으로 활용하려면 지속적인 학습과 최적화가 필수적이며, 이렇게 운영된 채널은 시간이 지날수록 더욱 빛을 발할 것입니다.

숏폼 콘텐츠는 기존에는 1분 미만의 영상을 지칭했으나, 현재는 최대 3분까지 업로드가 가능해졌습니다. 유튜브 롱폼이 가로 화면을 기본으로 하지만, 숏폼은 대부분의 콘텐츠가 모바일 친화적인 세로 화면으로 제작됩니다. 최근에는 가로로도 숏폼 콘텐츠를 제작하는 사례가 늘고 있습니다. 숏폼은 짧은 시간 내 강렬한 메시지를 전달할 수 있어 빠른 확산과 높은 조회수를 확보하는 데 유리하며, 마케팅 도구로도 자리 잡았습니다. 특히 AI를 활용한 숏폼 콘텐츠 제작이 증가하는 추세입니다. 예를 들어, AI가 생성한 동물이 춤을 추거나 현실에서는 불가능한 장면이 연출된 콘텐츠들은 집중해서 시청하지 않더라도 자연스럽게 조회수가 올라가고 확산되기 쉽습니다.

현재 AI를 활용한 콘텐츠 제작뿐만 아니라, 기존의 롱폼 콘텐츠를 AI를 이용해 숏폼 형식으로 변환하는 방식도 활발하게 사용되고 있습니다. 이를 통해 추가적인 콘텐츠를 제작하지 않고도 새로운 시청자를 유입할 수 있으며, 기존 콘텐츠의 재활용 효과도 극대화할 수 있습니다.

숏폼 콘텐츠의 수익화 방식으로는 유튜브와 마찬가지로 숏츠 광고 수익, 브랜드 협찬, 제휴 마케팅, 후원 플랫폼 연계 등이 있습니다. 기존에는 숏츠에 광고를 삽입할 수 없었지만, 유튜브가 광고 수익 분배 모델을 도입하면서 조회수에 따른 수익 창출이 가능해졌습니다. 또한, 브랜드 협찬의 경우 짧고 강렬한 제품 홍보 영상을 제작할 수 있으며, 롱폼 PPL보다 상대적으로 저렴한 비용으로 진행할 수 있다는 장점 덕분에 많은 브랜드가 숏츠 PPL을 적극적으로 활용하는 추세입니다. 숏츠의 조회수 수익은 롱폼에 비해 낮은 편이지만, 조회수가 빠르게 증가하고 제작이 간편하다는 점에서 크리에이터들이 많이 활용하고 있습니다.

롱폼은 깊이 있는 정보 제공과 광고 수익 창출에 유리하고, 숏폼은 빠른 확산과 높은 조회수 확보에 강점이 있습니다. 이러한 콘텐츠 제작에 AI를 활용하면, 롱폼에서는 기획부터 편집, 최적화까지 전 과정을 자동화해 제작 시간을 단축할 수 있으며, 숏폼에서는 AI 기반의 자동 하이라이트 추출 및 편집 기능을 활용해 더 많은 콘텐츠를 효율적으로 제작할 수 있습니다.

이를 전략적으로 활용하면, 롱폼을 통해 충성도 높은 구독자를 확보하고, 숏폼을 활용해 신규 시청자를 유입하는 효과적인 운영이 가능합니다. 또한, 전문성이 필요한 콘텐츠라면 숏폼을 통해 짧은 팁을 제공하고, 심화된 내용을 유료 강의나 컨설팅 서비스로 전환하여 추가적인 수익을 창출할 수도 있습니다. 예를 들어, "더 자세한 내용은 세미나에서 확인하세요" 같은 문구를 활용하면 잠재 고객을 자연스럽게 유도할 수 있습니다. Patreon, Buy Me a Coffee 같은 후원 플랫폼을 활용해 직접적인 후원을 받을 수도 있는데, 이때 숏폼을 활용해 핵심 콘텐츠의 맛보기 영상을 제공하고, 후원자 전용 영상을 별도로 운영하면 팬층의 유료 결제율을 높이는 데 도움이 될 것입니다.

숏폼은 유튜브 단독 채널에 올리는 것보다 인스타그램 릴스, 틱톡, 네이버 쇼츠 등 다양한 채널에 업로드해 메인 채널로 유입을 유도하는 방식이 효과적입니다. 방문자 유입을 극대화하려면 숏폼도 썸네일, 제목, 내용 등을 신경 써야 합니다. 유튜브 숏츠의 경우 PC 버전에서는 썸네일을 변경할 수 없지만, 모바일에서는 가능하기 때문에 사람들이 가장 관심을 가질 만한 장면을 선택하는 것이 중요합니다.

최근 들어 숏폼 콘텐츠가 주목받는 이유는 단순히 시청자의 관심 변화 때문만이 아니라, AI 기술의 발전과 맞물려 콘텐츠 제작 방식 자체가 변화하고 있기 때문입니다. 특히, AI가 숏폼 영상 제작 과정에 적용되면서 크리에이터들은 더욱 짧고 강렬한 영상을 다양하게 생산할 수 있게 되었습니다.

영상 콘텐츠 소비 트렌드는 점점 더 짧고 간결한 방향으로 변화하고 있으며, 모바일 중심의 사용 패턴이 확산되면서 빠르게 정보를 습득하려는 시청자의 요구도 증가하고 있습니다. 또한, AI를 활용하면 기존에는 구현하기 어려웠던 장면도 손쉽게 제작할 수 있어 더욱 시선을 끄는 콘텐츠로 만들기가 쉬워졌습니다. 이러한 변화 덕분에 숏폼 콘텐츠는 더욱 높은 시청 시간과 지속 시간을 기록하며, 바이럴 효과가 커지면서 많은 브랜드가 숏폼 콘텐츠를 마케팅 전략으로 적극 활용하고 있습니다. 이에 따라 AI 크리에이터들도 자연스럽게 숏폼 시장으로 진입하는 사례가 증가하고 있습니다.

과거에는 긴 영상을 통해 정보를 전달하는 것이 일반적이었지만, 현재는 숏폼이 짧은 시간 안에 핵심 내용을 효과적으로 전달할 수 있다는 점에서 더욱 선호되고 있습니다. 이에 따라 유튜브, 틱톡, 인스타그램 릴스 같은 플랫폼에서 숏폼 콘텐츠의 경쟁력이 강화되었으며, 수익을 창출할 수 있는 시장으로 빠르게 확장되고 있습니다.

결과적으로, AI의 발전은 롱폼보다 접근성이 뛰어난 숏폼 콘텐츠 제작의 혁신을 이끌고 있으며, 숏폼 형식이 단순한 스낵형 콘텐츠를 넘어 영화, 드라마, 광고, 교육 등 다양한 분야로까지 확대될 가능성이 큽니다. 크리에이터들은 AI를 활용해 빠르고 효율적으로 콘텐츠를 제작할 수 있으며, 기업들은 AI 기반 자동화 도구를 활용해 숏폼 콘텐츠를 적극적으로 활용하는 마케팅 전략을 수립할 수 있습니다.

결국, AI는 단순한 제작 도구를 넘어 콘텐츠 제작 방식 자체를 변화시키고 있으며, 숏폼 콘텐츠 시장의 성장을 더욱 가속화하고 있어 도전해볼 만한 분야로 자리를 잡고 있습니다.

AI로 제작한 숏폼 광고 영상

영어 단어 공부 숏츠 예시 영상

실제 영어 동화 제작해 보기

어린이용 영어 동화를 직접 제작하는 과정은 AI 기술과 크리에이터의 상상력이 결합된 작은 스튜디오의 활용 예입니다. 시나리오 기획부터 영상·음향·내레이션까지 AI를 활용하면 1인 제작도 가능하므로, 큰 비용 없이 학습용 또는 엔터테인먼트 콘텐츠를 손쉽게 만들어볼 수 있습니다. 전반적인 제작 방식은 앞서 설명한 AI 영화 제작 과정과 유사합니다.

AI 동화 제작의 첫 단계는, 스토리 구성과 장면 기획을 구체화하는 것입니다.
GPT(혹은 다른 대형 언어 모델)를 적극 활용해 아이디어를 끌어내고, 지속적인 피드백을 통해 발전시키는 과정이 중요합니다. 예를 들어, GPT에게 "유치원~초등 저학년을 대상으로, 1분 안에 끝나는 짧은 영어 동화 아이디어 3개를 제안해줘"라고 요청하면, 판타지, 동물 친구, 우주 모험 등 다양한 컨셉이 제시됩니다. 이를 검토한 후, 가장 마음에 드는 주제를 선택합니다. 채택한 아이디어에 대해 "장면별로 간단한 스토리 라인을 제시해줘"라고 구체적으로 요청합니다. 이때, 시나리오에는 주인공, 갈등, 해결, 교훈 등이 짧게나마 포함되는 것이 좋으므로, 이를 반영해 명확하게 지시하는 것이 중요합니다.

시나리오가 완성되면, GPT에게 각 장면을 어떤 배경/캐릭터/소품으로 표현하면 좋을지를 묘사해달라고 요청한 후, 이를 프롬프트 형식으로 변환하도록 명령합니다.
예를 들어, "1컷: A small bunny waking up in a cozy forest home. 2컷: The bunny meets a fairy under a mushroom…" 등의 형태로 변환된 프롬프트를 미드저니에 입력하면, 이미지 생성을 위한 준비가 됩니다. 이후, 각 장면별 영어 대사(또는 내레이션 스크립트)도 GPT로 작성해보면서 인물의 대사와 장면 설명을 확정할 수 있습니다.

이 과정을 거치면 한 편의 동화 구성과 이미지/영상 가이드 그리고 영어 대본이 함께 완성됩니다. 이후, 단어가 너무 어렵지는 않은지, 스토리가 아이들이 집중해서 볼 만한지 등을 점검하며 지속적으로 수정 보완해서 프롬프트를 최적화해 나가는 과정이 필요합니다.

GPT를 통해 10컷으로 구성된 콘티가 마련되었다면, 이를 미드저니(혹은 스테이블 디퓨전 등 AI 이미지 생성 툴)를 활용해 실제 이미지로 구현할 수 있습니다. GPT가 생성한 미드저니용 프롬프트를 복사하여 장면별로 입력하면, 각 컷에 맞는 이미지를 쉽게 생성할 수 있습니다.

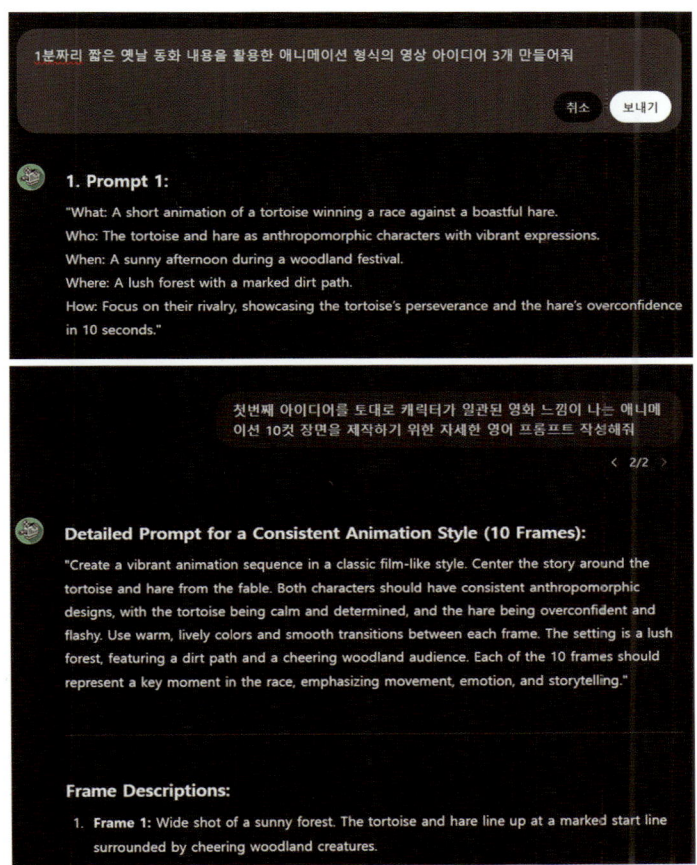

GPT를 통한 영어 동화 시나리오 및 대사, 이미지 프롬프트 생성 예시

프롬프트 예시

"A small bunny in a cozy forest, morning sunlight, cartoon style, bright colors…"
"The bunny meets a fairy under a mushroom, glittering magical sparkles, fantasy style…"

각 컷에서 최상의 결과물을 선택한 후, 미드저니 내 업스케일 기능 또는 외부 프로그램을 활용해 해상도를 높입니다. 또한, GPT가 제공한 프롬프트만 사용할 경우 원하는 이미지 스타일이 나오지 않을 가능성이 크므로, 다양한 스타일을 적용해 지속적으로 이미지를 생성하는 것이 중요합니다. (예: 초기 이미지가 실사 스타일로 생성되었을 경우, 동화에 적합한 이미지로 점진적으로 조정해 나가는 과정 필요)

GPT를 통해 나온 프롬프트로 제즈한 초기 이미지 생성 예시

역시나 제작된 실제 이미지로 봤을 때, 부족한 부분들이나 개선 사항이 느껴질 수 있는 이미지들은 새로 GPT에게 다시 물어봐서 새로운 이디지로 생성을 해 나갑니다. 어느정도 원하는 스타일이 나왔지만 캐릭터의 일관성이 유지되지 않습니다.

초기의 이미지에서 개선시켜서 나온 이미지 생성 예시

AI로 생성한 이미지는 캐릭터의 일관성이 깨지기 쉬우므로, 프롬프트에 캐릭터 주요 특징(옷 색깔, 귀 모양, 눈 색깔, 특정 소품 등)을 계속 반복해주는 게 좋고 배경이 너무 복잡하거나 어울리지 않을 경우, 'clean background'와 같은 제약을 프롬프트에 추가하는 것도 좋은 방법입니다. 캐릭터의 일관성을 위해 각 캐릭터에 의상과 색 등의 프롬프트를 고정적으로 기입하여 일관성 유지를 시켜 줍니다.

최종 이미지 스타일과 캐릭터 일관성 유지를 하며 생성한 이미지 예시

AI를 활용해서 수없이 많은 이미지가 생성되는 만큼, 비슷해 보이는 컷들 중에서 어떤 컷을 선택할 것인지 결정하는 작업은 단순히 이미지를 생성하는 것보다 더욱 중요한 과정입니다. 이는 앞서 언급했듯이 영상의 완성도를 좌우하는 핵심 요소 중 하나입니다. 가장 좋은 컷을 선택하려면 단순히 감각에 의존하는 것이 아니라 안목을 키우는 과정이 필수입니다.

다른 장르보다 동화 장르에서는 분위기와 감정 전달력이 더욱 중요하기 때문에, 적절한 BGM과 내레이션(혹은 캐릭터 대사)이 중요합니다. AI를 활용하면 음악과 목소리 제작 과정이 훨씬 수월해졌지만, 이를 어떻게 활용할지는 각자의 스타일과 작업 방식에 따라 다양한 테스트가 필요합니다.

대표적인 AI 기반 음악 생성 플랫폼으로는 SUNO 또는 MusicFX 등이 있으며, 이를 활용해 동화 분위기에 맞는 밝고 경쾌한 사운드나 신비로운 배경 음악을 손쉽게 제작할 수 있습니다.

동화 음원 키워드 예시

"whimsical, playful melody, child-friendly, fantasy fairy style"

Eleven Labs, Typecast 등 AI 음성 합성 플랫폼을 활용하면, 영어 내레이션을 원하는 목소리 톤(어린아이, 다정한 어른, 빠른 속도 등)으로 선택해 생성할 수 있습니다. 대사 스크립트를 입력하면 MP3나 WAV 파일로 음성을 다운로드한 후, 편집 툴에서 영상과 맞출 수 있습니다.

AI 보이스도 훌륭하지만, 부모나 지인이 직접 녹음하면 더욱 따뜻하고 친근한 느낌을 줄 수 있습니다. 또한, 아이가 좋아하는 캐릭터 목소리를 모방하는 TTS 모델을 활용하면 호기심과 집중도를 높이는 데 효과적입니다. 걸음 소리·새 소리·마법 소리 등 다양한 효과음을 적절히 삽입하면 동화적 몰입감을 한층 더 강화할 수 있습니다.

다음 페이지에서는 Eleven labs에서 TTS를 제작하는 방법과 내 목소리를 학습하여 사용하는 방법에 대해서 간단히 소개합니다.

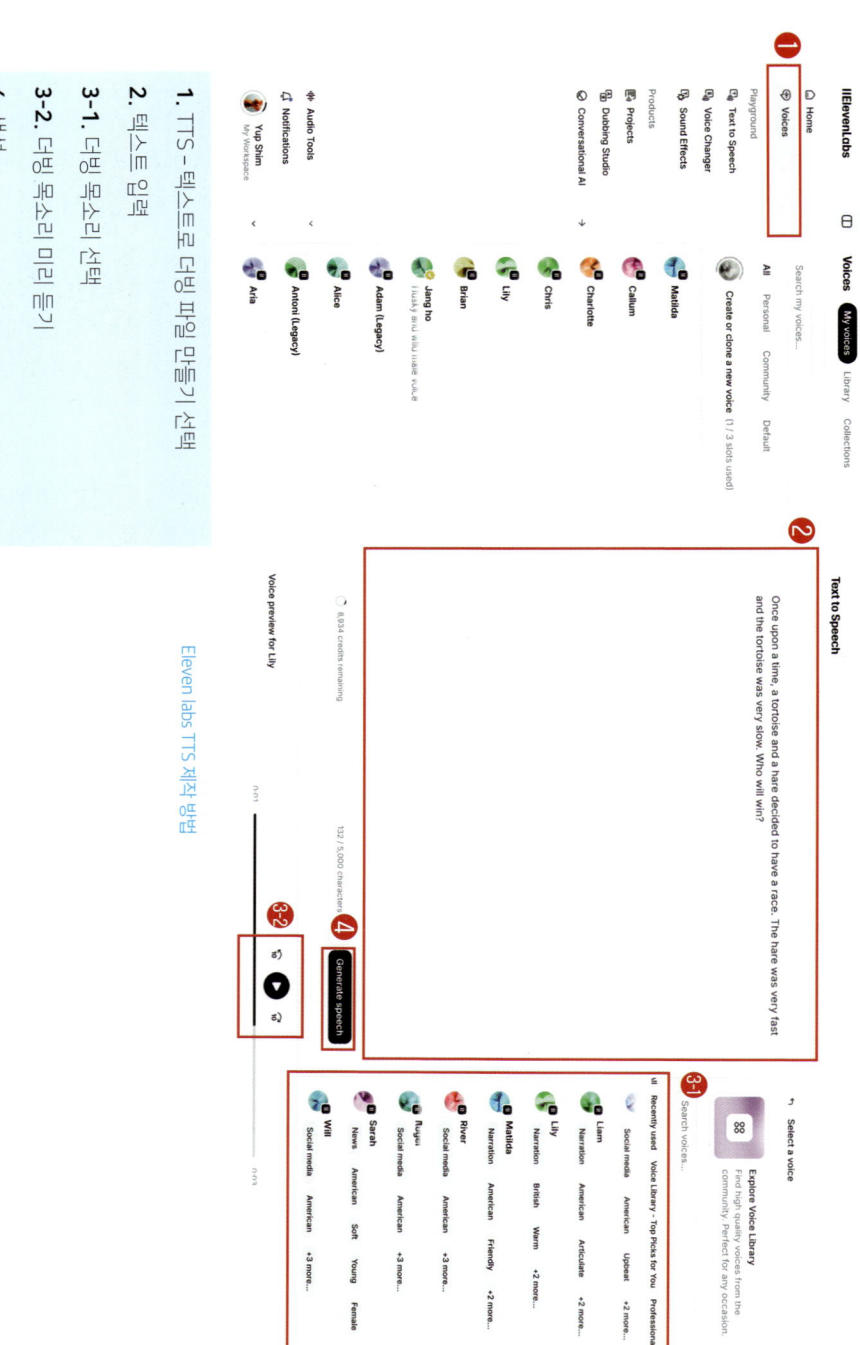

Eleven labs TTS 제작 방법

1. TTS - 텍스트로 더빙 파일 만들기 선택
2. 텍스트 입력
3-1. 더빙 목소리 선택
3-2. 더빙 목소리 미리 듣기
4. 생성

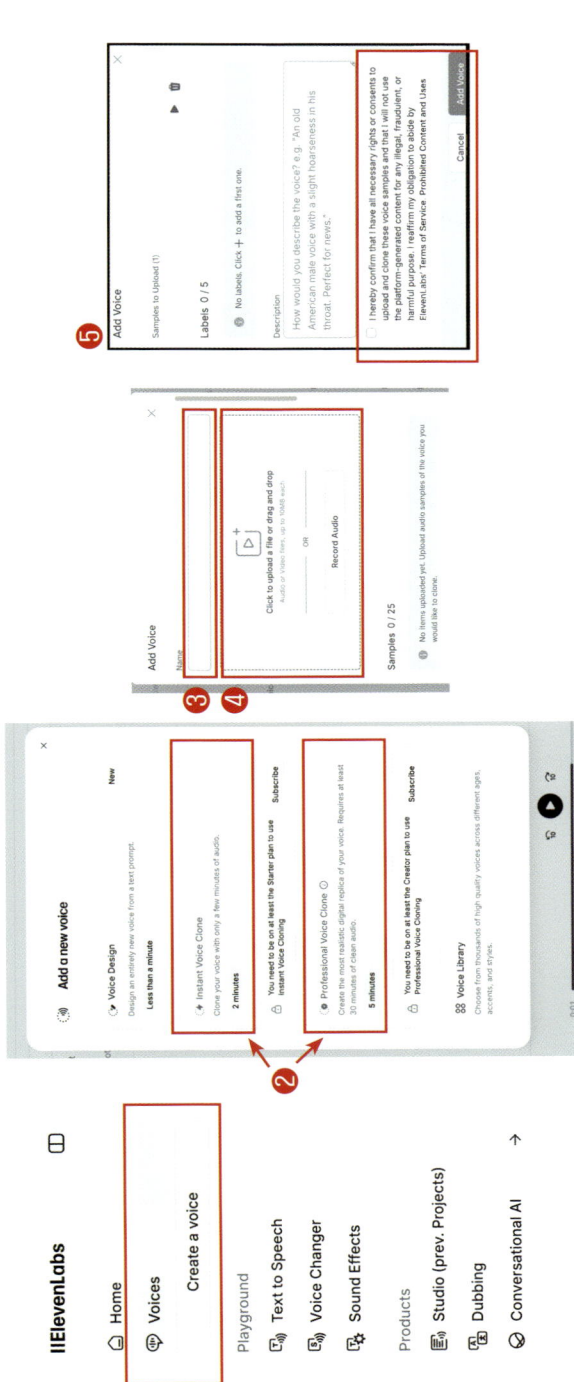

Eleven labs 내 목소리 학습 사용법

1. Voices 섹션에서 Create a voice 선택
2. 구독 요금제에 따른 Voice clone 선택
3. 만들고자 하는 목소리 파일 이름 기입
4. 25개 이하의 본인 목소리 업로드 또는 직접 녹음
5. 확인 사항 체크 후 목소리 생성

최종 생성된 영상 클립(또는 이미지 애니메이션)과 BGM, 내레이션 파일이 준비되었다면, 이제 편집 프로그램을 활용해 완성도를 높이는 단계가 남았습니다.

시나리오에 맞춰 컷을 순서대로 배치하되, 필요에 따라 장면 간 전환 효과(페이드, 디졸브 등)를 추가해 흐름을 자연스럽게 만들 수 있습니다 또한, 일부 장면은 더 길게 보여주고, 일부 장면은 빠르게 전환하는 방식으로 템포를 조절해보는 것도 좋습니다.

편집 시 중요한 대사가 나올 때는 BGM 볼륨을 살짝 낮춰 대사가 또렷하게 들리도록 조정하는 것이 필요합니다. 특히 아이들 대상의 동화 콘텐츠라면, 너무 빠른 템포보다는 적당한 속도로 대사를 전달하는 것이 이해를 돕는 데 효과적입니다. 또한, '영어 문장 + 해석' 형태로 자막을 추가하면 아이들이 언어를 쉽게 따라 읽고 배울 수 있습니다. 일부 플랫폼이나 툴에서는 자동 자막 생성 기능을 제공해서 편리하게 활용할 수 있지만, 정확도를 위해서는 반드시 내용을 한 번 검토하는 과정이 필요합니다.

마지막으로 완성된 영상을 다시 재생하며 음악- 대사가 자연스럽게 어우러지는지 장면 전환 속도가 적절한지 점검합니다. 부족한 컷이 있다면 AI로 추가 생성하고 분위기에 맞지 않는 BGM은 교체하거나 조정하여 최종 완성도를 높이 는 것이 좋습니다.

AI 영어 동화 최종 영상

AI 동화에 잘 어울리는 미드저니 P-CODE 및 SREF 코드 모음

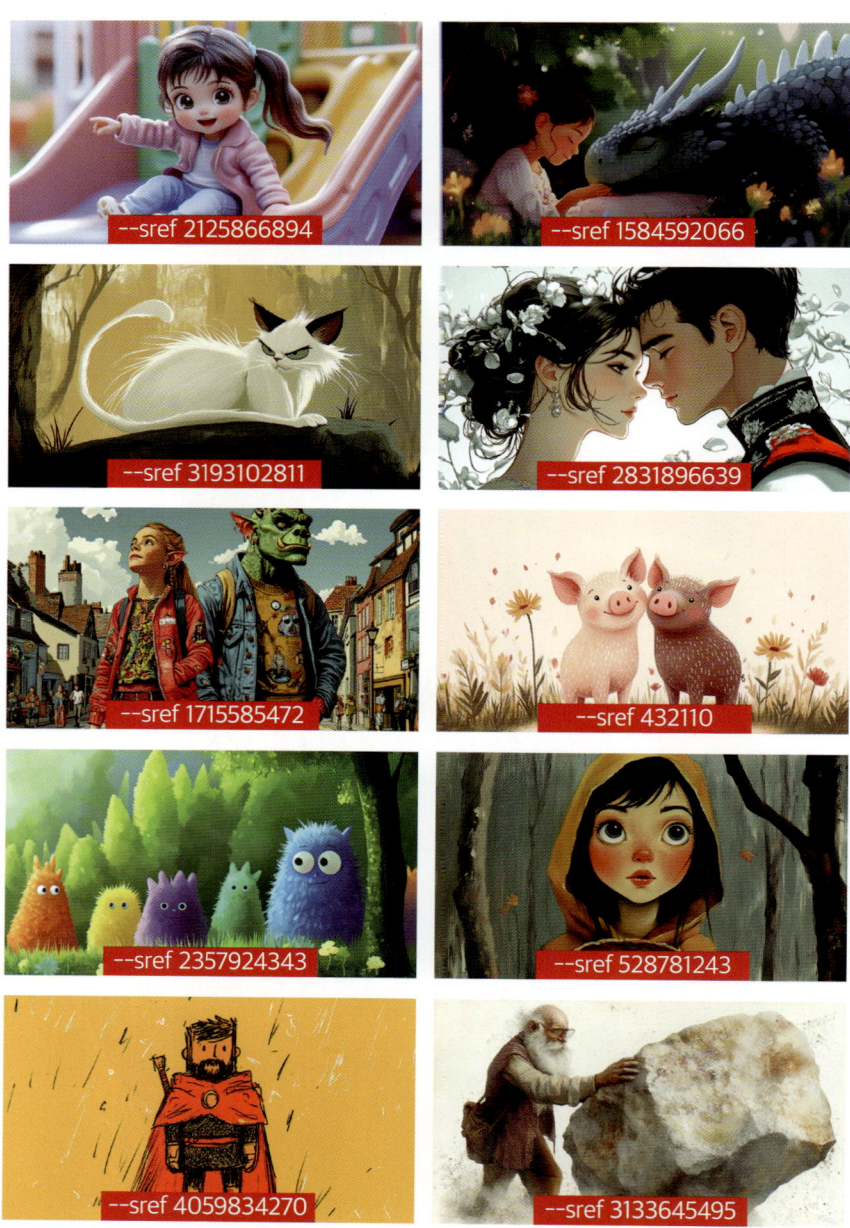

3. 광고주가 다시 찾는 1인 광고 프로덕션

AI 영상 제작을 활용해 수익을 창출하는 가장 빠른 방법 중 하나가 바로 광고영상의 외주 시장입니다. 기존에는 광고 영상을 제작하는 데 적게는 수백만 원에서 많게는 수억 원의 비용이 들었지만, AI 기반 제작 방식이 도입되면서 시간, 인력, 비용을 절감해서 좀 더 빠른 제작이 가능해졌습니다. 이러한 변화 덕분에 중소 브랜드부터 대기업까지 다양한 규모의 광고주들이 AI 기반 제작 방식을 선호하게 되었고, 이에 따라 1인 프로덕션이 주목받는 시대가 열리고 있습니다.

AI 광고 영상 시장이 확대된 가장 큰 이유는, 기존의 실사 촬영 및 대규모 스태프가 필요한 전통적인 제작 방식과 달리 AI를 활용하면 스튜디오 대여, 모델 섭외, 후반 편집 등에 드는 상당한 비용과 시간을 대폭 줄일 수 있기 때문입니다. 예를 들어, 제품 소개 3D 영상, 모델 착용샷 합성, 가상 배경 합성 등을 단 몇 시간 만에 시안(프로토타입) 형태로 제작할 수 있다는 점은 상당한 혁신이라 할 수 있습니다. AI 광고 영상은 TVCF뿐만 아니라 광고 제안용 시안, SNS 숏폼 광고, 프레젠테이션용 예시 영상, 패션 모델 영상, 브랜드 홍보 등 다양한 포맷으로 제작되며, 이에 대한 수요도 폭발적으로 증가하고 있습니다. 과거에는 높은 제작 비용으로 인해 쉽게 접근하기 어려웠던 광고 시장이 이제는 보다 합리적인 금액으로 진행할 수 있게 되면서 많은 광고주들이 AI 기반 영상 제작을 적극적으로 활용하고 있습니다. 더 나아가서, AI로 제작된 가상 인플루언서나 가상 패션쇼가 광고주들의 이목을 끌며 새로운 시장을 형성하고 있습니다.

이처럼 AI 광고 시장이 빠르게 성장할 수 있었던 가장 큰 이유는 진입 장벽이 낮아졌기 때문입니다. 기존에 광고 제작 경험이 없던 프리랜서나 1인 창작자들도 AI 툴과 기획력만 갖추면 소규모 광고주들과 협업을 시작할 수 있게 되었습니다. 중소 브랜드 입장에서는 적은 예산으로도 효과적인 마케팅 영상을 제작할 수 있어서 AI 광고 시장이 빠르게 확대되는 '윈-윈' 구조가 형성되고 있습니다.

광고주들은 AI 영상 제작에 대해서도 높은 기대치를 가지고 있으며, 광고 영상은 곧 브랜드의 이미지를 대변하는 것이므로 완성도와 전문성이 필수적입니다. 단순히 멋진 영상을 제작하는 것이 아니라 브랜드 메시지를 효과적으로 전달하고 타깃 소비자에게 적합한 톤 앤 매너를 구현할 수 있어야 합니다.

색감, 로고 사용, 영상 톤이 브랜드 가이드라인과 어긋나지 않도록 사전에 자료를 받아 꼼꼼히 체크하는 과정도 필수적입니다. 예를 들어, 화장품 광고라면 제품의 감성, 타깃 고객층, USP(Unique Selling Point)를 명확히 살려야 하며, 제품의 미묘한 색감 차이나 텍스트 배치까지 광고주의 요구사항에 맞춰 정밀하게 조정해야 할 수도 있습니다.

AI로 제작된 영상이라고 해서 품질이 떨어지거나 조악하게 보여서는 안 됩니다. 모델 얼굴 합성, 제품 3D 렌더링, 카메라 무빙, 트렌디한 편집 등 세부적인 요소들이 잘 조합되어야만 광고다운 완성도를 갖출 수 있습니다. 또한, 광고주의 브랜드 스토리를 효과적으로 풀어내거나 완전히 새로운 컨셉을 제시해 광고주의 기대치를 뛰어넘는 결과물을 만들어내는 기획력이 필요합니다. 결국, AI 기술이 발전하면서 진입 장벽이 낮아졌음에도 불구하고, 기존 현업 경험이 있는 전문가들의 기획력과 연출력이 AI 영상의 최종 퀄리티를 좌우하는 핵심 요소로 작용할 것입니다.

광고주들이 AI 영상 제작 프로세스에 대해 잘 알지 못하는 경우도 많아서 작업 초반에 오해가 발생할 가능성이 있습니다. 즉, 광고주가 머릿속에서 구상한 광고와 실제 AI로 생성된 결과물 사이에서 괴리가 발생할 수 있으므로, 작업 범위(수정 횟수, 해상도, 영상 길이 등)와 예상 퀄리티를 사전에 충분히 설명하는 것이 중요합니다.

또한, AI 영상 제작 과정에서 발생할 수 있는 인체 왜곡, 특정 구도 표현의 한계 등에 대해 미리 안내하여 불필요한 기대치를 조정하는 것도 프로젝트 성공의 중요한 요소가 됩니다. 프로젝트 진행 중간에 시안을 여러 차례 공유하며 피드백을 주고받는 프로세스를 명확히 정해두면 원활한 협업이 이루어질 수 있을 것입니다.

실제 외주 제작 노하우: AI 광고 외주 제작 프로세스

필자는 실제로 여러 대기업부터 소기업 광고주들을 대상으로 외주 제작을 진행하며, 다음과 같은 효율적인 프로세스를 정립했습니다. 이는 단순히 작업 순서를 나열한 것이 아니라, 각 단계에서 반드시 확인해야 할 핵심 포인트를 포함하고 있습니다.

1. 광고주의 광고 제작 요청사항(컨셉, 길이, 업무 범위 등) 확인

사전 미팅(오프라인·온라인)을 통해 광고할 제품 또는 서비스의 특성, 예산, 타깃층 그리고 희망하는 영상 스타일(모델 영상, 애니메이션, 숏폼 등)을 파악합니다. 이때, 가능한 한 구체적인 참고 자료(레퍼런스 영상, 브랜드 색감, 로고 파일, 키 비주얼 등)를 미리 요청해 두면 이후 작업이 훨씬 수월해집니다.

2. 요청 사항 확인 후 제작 가능 여부 및 범위 조율, 금액 협의

실무 가능성을 고려하여, 예산 대비 적절한 영상 분량(예: 15초, 1분 등), 플랫폼별 규격, 제작 및 납품 기한이 현실적인지 검토합니다. 또한, 수정 횟수와 추가 작업 비용(색 보정, 자막, 이펙트 등)에 대해 미리 협의해 두면, 추후 발생할 수 있는 갈등을 최소화할 수 있습니다.

3. 조율된 내용을 바탕으로 계약 체결 및 이미지 & 콘티 제작 진행

간단한 계약서(표준 계약서 또는 자체 양식)를 작성한 후, 착수금(예: 50%)을 지급받는 방식으로 조율하여 계약을 확정합니다. 이후 이미지 시안(모델 컷, 배경, 텍스트 스타일 등)과 콘티(스토리보드)를 제작해 주요 장면을 대략적으로 제시하며, 전체적인 방향성을 설정합니다. AI 이미지를 제작할 때는 미드저니나 스테이블 디퓨전 등을 활용하여 컨셉 아트나 키 비주얼을 먼저 생성해볼 수 있습니다.

4. 제작된 이미지 및 콘티에 대한 피드백 및 최종 컨펌

광고주는 브랜드 컬러, 모델의 표정, 배경 분위기 등을 확인한 후 수정 사항을 제시합니다. 이때, 수정 범위가 과도하게 확대되지 않도록 시안 단계에서 충분히 의견을 주고받는 것이 중요합니다.

5. 생성된 영상 클립 보정 및 최종 컨펌

AI가 생성한 영상은 때때로 표정, 움직임, 화질 등이 부자연스러울 수 있으므로, 후보정 작업(주변부 크롭, 색감 조정, 노이즈 제거 등)을 진행합니다. 이후 중간 컨펌을 다시 받아, 광고주가 "더 밝게 조정해 달라", "문구 배치 위치를 변경해 달라" 등의 추가 요구를 할 수 있습니다.

6. 컨펌된 이미지를 이용해 영상 클립 생성 및 피드백

본격적으로 AI 영상 플랫폼(Runway, Kling 등)에서 텍스트→영상(T2V) 또는 이미지→영상(I2V) 방식으로 광고용 클립을 생성합니다. 카메라 무빙(Zoom, Rotate, Panning 등), 조명 효과, 모델 움직임 등을 구체적인 프롬프트로 설정하여 원하는 결과물을 얻습니다. 클립 초안을 제작한 후 광고주에게 피드백을 받으며, 확정하기 전까지는 변경 가능성을 염두에 두고 유연하게 대응합니다.

7. 컨펌된 영상에 어울리는 BGM 및 TTS 등 제작

광고의 특성상 나레이션이 삽입되거나 브랜드 슬로건을 강조하는 문구가 음성으로 추가될 수 있습니다. 이를 위해 TTS(ElevenLabs 등)를 활용해서 음성을 생성하고, AI 음악(Suno, MusicFX 등)을 이용해서 저작권 문제가 없는 음원과 나레이션을 확보합니다. 광고주가 특정 음원을 선호할 경우라면 라이선스를 사전에 확인한 후 적용해야 합니다.

8. 가편집 후 피드백 및 컨펌

편집 툴(프리미어, 캡컷 등)을 활용해 개별 클립을 하나의 영상으로 편집하고, 자막/문구/그래픽 효과를 임시로 적용한 가편집본을 광고주에게 공유합니다. 이 단계에서 브랜드 로고의 위치, 화면 전환 타이밍, 음악 볼륨 등을 세부적으로 조정합니다.

9. 자막 작업 및 추가 작업등 최종 수정·편집

최종적으로 자막을 삽입한 후, 본인의 만족도나 광고주의 요청 사항에 따라 컬러 그레이딩(전체적인 톤 앤 매너 통일), 2D/3D 이펙트 등을 추가해서 완성도를 높입니다. AI로 제작된 영상이라도 세밀한 디테일을 인간의 감각으로 보완해야 광고주의 만족도를 극대화할 수 있습니다.

10. 최종 피드백 및 납품

최종본을 광고주가 확인한 후, 수정 사항이 없으면 납품합니다. 파일 포맷(mp4, mov 등), 해상도(1080p, 4K 등), 재생 시간 등을 광고주의 요구에 맞춰 업스케일링(Topaz 등)하여 최종 결과물을 전달합니다. 마지막으로 잔금을 수령하면 프로젝트가 완료됩니다.

실제 광고 영상 제작해보기

광고 영상은 브랜드 아이덴티티를 직접적으로 표현하면서 매출과 브랜드 이미지를 동시에 향상시킬 수 있는 중요한 도구입니다. AI를 활용하면 적은 비용과 빠른 속도로 완성도 높은 광고 영상을 제작할 수 있습니다. 아래는 실제 광고 제작 과정에서 AI를 활용하는 방법을 순서대로 소개합니다.

먼저, 광고하려는 제품(가전제품, 패션, 뷰티, 식음료 등)이 무엇인지 파악하고, 브랜드 아이덴티티(프리미엄, 실용성, 트렌디함 등)를 명확히 정의해야 합니다. 이후 GPT를 활용해 시네마틱 스타일 + 가전제품의 핵심 USP + 고급스러운 이미지 등의 요소를 조합하여 가전제품 브랜드 광고 컨셉을 생성하도록 요청합니다.

예를 들어, GPT에게 다음과 같이 제작 요청을 할 수 있습니다.
"L Object Collection 광고와 유사한 스타일로, L 가전제품 광고 영상을 AI를 활용해 제작하기 위한 시네마틱한 스타일의 시나리오를 자세하게 작성해줘."

GPT를 통한 광고 시나리오 제작 예시

GPT가 제공한 광고 시나리오 아이디어를 바탕으로, 15컷 분량의 미드저니 프롬프트 문구를 작성하도록 요청합니다. 초반에 나온 프롬프트 1~2개를 먼저 생성해 보고, 원하는 결과물이 나오는지 확인하는 것이 중요합니다. 전체 프롬프트를 한 번에 생성하기 전에 테스트 과정을 거치면, 이후 수정 작업을 최소화할 수 있습니다.

> 컷 5 - AI 공기청정 시스템 (Smart Airflow)
> 📌 프롬프트:
> A luxurious modern living room with an advanced AI-powered air purifier releasing a soft mist of purified air. The space is bright and filled with natural light, elegant furniture, and an open window showing a futuristic city skyline.
> • (4:5 ratio, ultra-detailed, premium lifestyle, airy and fresh atmosphere, minimalistic luxury design)
>
> 컷 6 - 무드 조명 시스템 (Smart Lighting Control)
> 📌 프롬프트:
> A sophisticated living room where AI-controlled smart lighting is adjusting automatically. Soft golden light fills the space, creating a perfect ambiance. A sleek control panel is subtly integrated into the wall.
> • (16:9 ratio, cinematic lighting, moody and stylish, high-end interior design)
>
> 컷 7 - 프리미엄 스마트 TV (Next-Gen Display)

GPT를 통한 프롬프트 제작 예시

처음 생성된 시나리오나 프롬프트가 만족스럽지 않다면, 보다 구체적인 피드백을 제공하거나 "다른 버전으로 다시 생성해줘"라고 요청하여 개선된 아이디어와 새로운 이미지, 추가 컷을 생성할 수 있도록 유도해 봅니다.

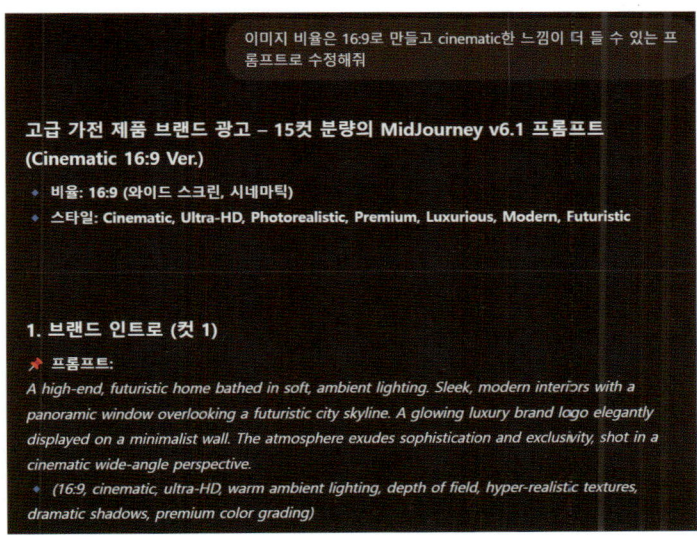

GPT를 추가 인서트 컷 제작 예시

완성된 프롬프트와 시나리오를 생성형 이미지 플랫폼(예: 미드저니, 스테이블 디퓨전 등)에 적용해서 광고주의 요구 사항에 부합하는 이미지를 생성합니다. 각 플랫폼이 제공하는 이미지 스타일(실사 위주, 예술적 연출 등)에 맞춰 최적의 결과물을 얻어낸 후 이를 콘티 형태로 정리하여 광고주에게 제안하는 단계를 거칩니다.

GPT가 제공한 프롬프트를 미드저니에 입력해서 각 컷별로 다양한 이미지를 생성하고, 그중 가장 적합한 이미지를 선정해 초안(Draft)으로 정리합니다. 경우에 따라 "이 장면은 좀 더 레트로한 분위기가 좋겠다" 등 제작자의 직관과 기획 의도를 반영해서 추가 생성을 진행할 수도 있습니다. 다시 한번 강조하지만, 수십, 수백 장의 유사한 이미지 중에서 가장 뛰어난 A컷을 선정하는 것은 결국 제작자의 감각과 안목에 달려 있습니다. 따라서 이러한 감각적 역량을 지속적으로 키우고 더 나은 선택을 할 수 있도록 훈련하는 과정이 반드시 필요합니다.

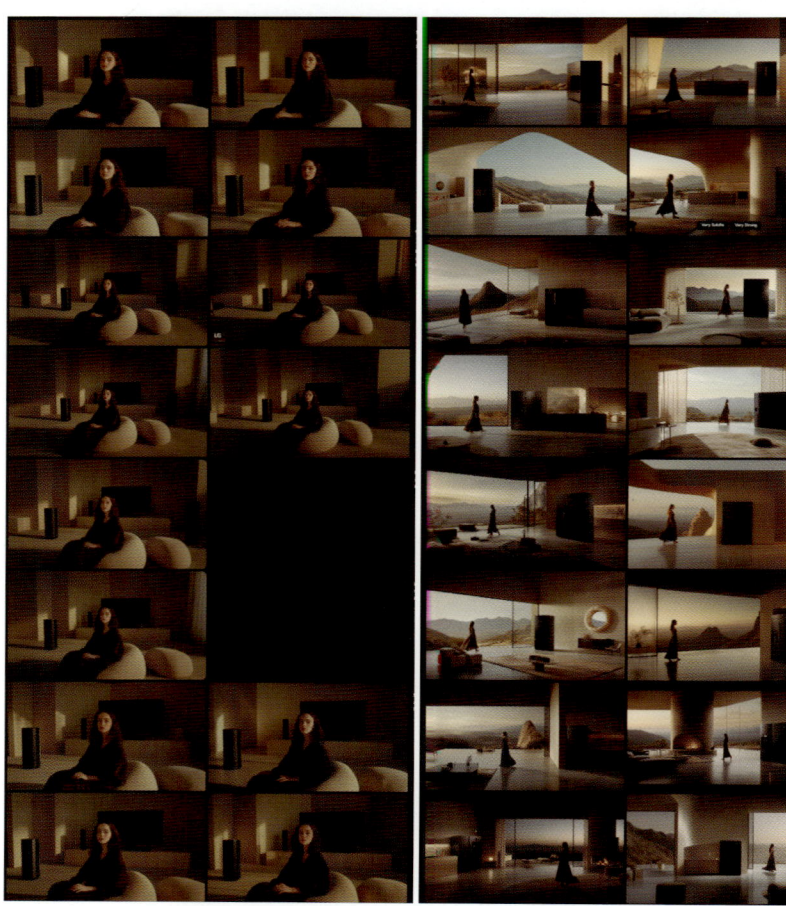

가장 좋은 이미지를 선택하기 위해 생성한 수많은 이미지들 예시

광고주는 피드백 과정에서 종종 "조금 더 고급스럽게" 혹은 "좀 더 밝은 분위기로" 등 다소 모호하고 주관적인 요청을 하기도 합니다. 제작자는 이러한 요구를 본인의 감각을 바탕으로 잘 해석하여 프롬프트를 조정해야 합니다. 예를 들어, cinematic lighting, bright color scheme, minimal background 등의 키워드로 전반적인 분위기와 스타일을 조정할 수 있습니다.

생성된 이미지를 순서대로 배치한 후, 각 컷에 대한 간단한 설명(사용될 카피 문구 및 해당 장면에서 일어나는 주요 액션)을 추가해 PDF 또는 슬라이드 형태로 정리하여 광고주에게 전달합니다. 이때, '이미지 수정은 특정 단계 이후 추가 비용이 발생한다'는 점을 계약 단계에서 미리 안내하면 과도한 수정 요청으로 인한 갈등을 예방할 수 있습니다.

Title :			Team :		
Cut	Video		Context (Prompt)	Audio	비고
			advertising photography, Collection appliances showcased together in a stylish, open-concept home with earthy tones, natural textures, and soft, glowing ambient lighting, cinematic wide shot capturing a harmonious blend of technology and design (video prompt: camera very slowly zoom in)		
			advertising photography, a girl wear modern dark brown dress look at the far distance sit on the modern style small arm chair, hand put on the knee, background in minimal simple black and beige mix wall far from her as out of focus in living room, soft warm light creating balanced shadows, cinematic colse up, light smile, eye level view, luxurious and inviting (video prompt: the camera slowly zoom in, a girl slowly light turn head with look at the camera)		
			advertising photography, a girl near camera wear modern dark brown long dress walking near camera in the home without shoes Collection appliances showcased together in a stylish, open-concept home with earthy tones, natural textures, and soft, glowing ambient lighting, cinematic wide shot capturing a harmonious blend of technology and design, in the morning (video prompt:the camera slowly follows a girl, girl slowly walking)		
			advertising photography, a girl's foot walking wear modern dark brown long dress without shoes, open space, soft warm light, cinematic perspective with a tranquil and inviting mood, patternless beige marble floor (video prompt: a girl slowly walking, the camera follows the subject moving)		
			advertising photography, A high-end refrigerator from Collection seamlessly integrated into a minimalist kitchen, surrounded by natural wood and stone textures, soft warm light creating balanced shadows, cinematic wide-angle composition, luxurious and inviting (video prompt: camera very slowly zoom in)		

양식에 적용한 광고 영상 콘티 예시

광고주가 이미지의 톤, 색상, 배치 등에 대한 의견을 제시하면, 이를 반영하여 재생성하거나 후보정을 통해 수정합니다. 최종적으로 선택된 이미지는 이후 영상 제작에 그대로 사용되므로, 초기에 "이후 단계에서 변경이 어렵다"는 점을 광고주가 충분히 이해할 수 있도록 설명해두는 것이 중요합니다. 이를 통해 추후 수정 요청으로 인한 의견 충돌을 방지할 수 있으므로, 사전에 반드시 안내하는 것이 좋습니다.

본격적인 영상 작업에 들어가기 전, 광고주는 구체적인 최종 피드백을 제공합니다. 이 단계에서는 이미지의 완성도와 스토리 흐름을 최종적으로 조율하고 점검하는 과정이 이루어집니다. 그러나 피드백이 지나치게 추상적일 경우, 광고주와 원활한 소통을 위한 전략적인 대처가 필요합니다. 예를 들어, 광고주가 "고급스럽고 감성적인 분위기"를 요청했을 때, 이를 보다 구체적으로 해석하여 "금속성 광택, 톤 다운된 컬러, 부드러운 빛 번짐" 등의 요소로 조정하는 것이 맞는지 확인해야 합니다. 단순한 설명만으로 이해하기 어려울 수 있으므로, 실제 가능한 재질이나 스타일을 즉시 생성해 보여주며 의견을 조율하는 것이 효과적입니다. 이러한 과정을 거치면 최종 이미지가 광고주의 기대에 더욱 부합할 수 있으며, 추후 불필요한 재작업을 방지할 수 있습니다.

여러 번의 피드백을 거쳐 완성된 이미지는 최종 확정본으로 간주됩니다. 이후에는 수정이 불가능하거나 추가 비용이 발생할 수 있음을 사전에 고지해야 하며, 이를 통해 작업 범위를 명확히 설정할 수 있습니다. 확정된 이미지를 기반으로 AI 영상 플랫폼(Runway, Kling 등)을 활용하여 광고용 영상 클립을 생성할 때, 각 동영상 플랫폼의 특색을 충분히 파악하고 적절한 프롬프트를 활용하는 것이 중요합니다.

이때 GPT 내에서 특정 플랫폼 기반의 프롬프트 채널을 탐색하면, 보다 정밀한 영상 컨트롤이 가능합니다. 예를 들어, Kling에서 영상을 제작하려면, Kling 기반의 GPT 채널에서 작업하는 것이 효과적입니다. 이미지 생성이 이미 잘된 상태라면, 간단한 프롬프트(예: handheld camera move, zoom in, panning left 등)만으로도 만족스러운 결과를 얻을 수 있습니다. 다만, AI 모델이 의도한 동작을 완벽하게 구현하지 못하는 경우가 종종 발생하므로 GPT에서 적절한 프롬프트를 추가로 생성하면 더욱 최적화된 결과를 얻을 수 있습니다.

보통 Runway Gen-3 등의 플랫폼을 사용할 때는 초기 생성 단계에서 프롬프트 없이 대략적인 영상을 먼저 생성한 후, 이후에 프롬프트를 추가하면서 원하는 연출에 점점 더 근접시키는 방식이 효과적이라고 합니다. 많은 제작자들이 이러한 방식으로 작업하는데, 이는 AI가 특정 동작을 학습하는 과정이라기보다는 AI의 반응 패턴을 파악하고 프롬프트를 조정하는 최

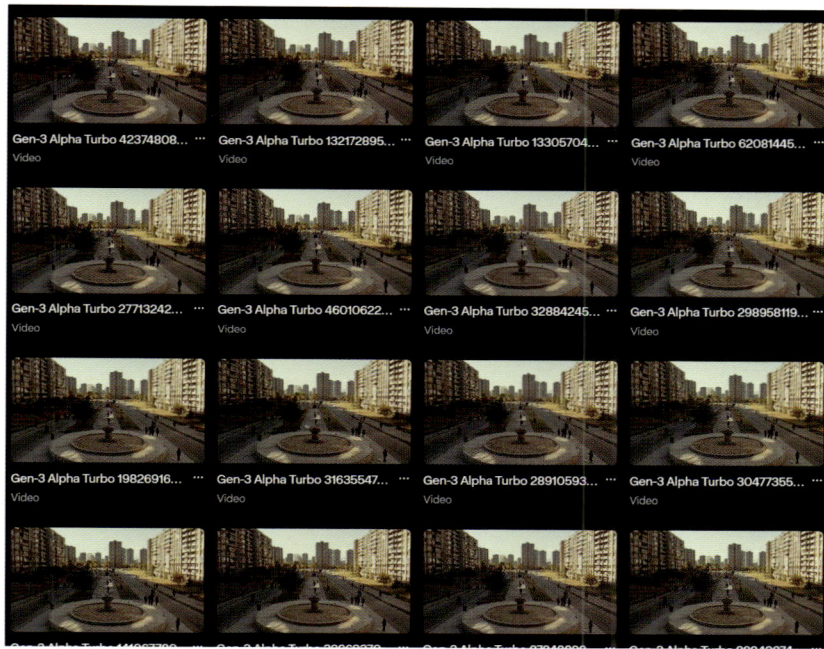
최적의 영상을 위해 수많은 시도를 보여주는 예시- Gen3

적화 과정이라고 이해하는 것이 더 적절합니다. GPT를 활용한다고 해서 한 번에 완벽한 영상이 생성되는 경우는 드뭅니다. 반복적인 시도와 수정이 필연적인 과정이므로, 충분한 시간적 여유를 두고 작업하는 것이 중요합니다.

광고 영상에서 나레이션이 없는 경우, BGM과 사운드 효과가 영상의 분위기를 좌우합니다. 특히 30초~1분 정도의 짧은 광고일수록 BGM의 임팩트가 더욱 중요합니다. 신나는 EDM, 감성적인 피아노, 미니멀한 테크노 등 제품이나 브랜드 이미지에 맞는 음악 장르를 선택하는 것이 필요합니다. 예를 들어, 고급 가전제품 광고라면 세련되고 현대적인 분위기를 강조하기 위해 전자음과 오케스트라 사운드를 조합할 수도 있습니다.

Suno, Musicfx 등 AI 음악 생성 플랫폼을 활용하면, 짧고 몰입감 있는 배경 음악을 제작할 수 있습니다. 이를 위해 '1분 분량, 에픽한 전자음 기반, 후반부에서 절정' 같은 구체적인 요구사항을 AI에게 입력하면 보다 적합한 결과를 얻을 수 있습니다. 광고가 30초인데, BGM이 45초짜리라면 끝부분이 자연스럽지 않게 잘리는 느낌이 날 수 있습니다. 이러한 경우, 페이드아웃(Fade Out) 효과를 적용하거나 곡의 구조를 편집해 깔끔한 마무리를 연출하는 것이 좋습니다. 편집 프로그램으로 음원의 중간 부분을 잘라내거나, 엔딩 부분을 추가적으로 조합해 더욱 자연스러운 마무리를 만들 수도 있습니다. 또한, 앞서 언급한 것처럼 사운드 이펙트(SFX)도 중요한 요소입니다. 예를 들어, 제품이 등장할 때 '슈웅~' 소리, 버튼을 누를 때 나는 클릭 사운드 등을 효과음으로 삽입하면 전달력이 더욱 강화됩니다. 브랜드 로고가 등장할 때 고유한 시그니처 사운드(Audio Logo)를 적용하는 것도 브랜드 인지도에 도움이 됩니다.

광고 영상 편집에서 디테일은 매우 중요합니다. 단순히 AI가 생성한 영상 클립을 단순히 이어 붙이는 것만으로는 부족할 수 있습니다. 장면이 불필요하게 길어지면, 시청자가 지루함을 느낄 수 있으므로, 컷 편집을 박진감 있게 조정해서 메시지를 단시간 내에 효과적으로 전달하는 것이 중요합니다. 텍스트 효과, 자막 스타일, 그래픽 디자인 등에 브랜드의 아이덴티티(폰트, 로고 색상 등)를 반영하면 더욱 일관된 브랜드 경험을 제공할 수 있습니다.

광고주는 때때로 2D·3D 모션 그래픽, 색 보정, 영상 속도 조절 등의 추가 작업을 요청하기도 합니다. 계약 단계에서 후반 작업의 범위(예: 색 보정만 포함하는지, 모션 그래픽까지 포함하는지)를 명확하게 정해두지 않으면 작업량이 크게 늘어나면서 갈등이 발생할 수 있습니다. 만약, 영상에 음성 멘트를 삽입하기로 했다면, 이 단계에서 TTS(AI 음성 합성)나 실제 성우 녹음 파일을 적용해야 합니다. 편집 과정에서 영상 타이밍과 대사의 길이가 어색해지는 경우가 발생할 수 있으므로 영상 흐름에 맞춰 멘트를 적절하게 편집(잘라내기, 속도 조절 등)하는 것이 필요합니다. 마지막으로, 영상의 시작-중간-끝 지점에서 브랜드 로고와 메인 메시지를 어디에 배치할지 결정하는 것도 중요합니다. 광고 종료 후 1~2초 동안 브랜드 로고를 남겨두는 편집 기법은 흔히 사용되는 브랜드 인지도를 높여주는 방식입니다.

최종 AI 광고 영상 결과물 예시

Todak-Todak

광고 장르 영상 제작 팁

다음은 광고 영상을 제작할 때 유용하게 활용할 수 있는 몇 가지 팁입니다. 첫 번째는 시청자가 경험해보지 못한 장면을 연출하면 강한 메시지를 남길 수 있다는 점입니다. 사람의 예상을 뛰어넘는 장면을 보여주면, 광고가 더욱 인상 깊게 각인되며 강렬한 인상을 남길 수 있습니다. 특히 AI를 활용하면 현실에서는 존재하지 않는 장면을 만들거나 동물이나 사물이 인간처럼 행동하는 모습을 연출하는 등 시각적, 감성적으로 큰 임팩트를 줄 수 있습니다.

고양이 이미지 예시 프롬프트

a cat wear cooking costume cook like human in the fish store, surreal, photography, --ar 16:9

고양이 영상 예시

딸기 영상 예시 프롬프트

A small farmer dressed in a retro country costume is digging for the seeds of a giant strawberry with a pickax as if he were digging for gold. Next to it, strawberry seeds are placed on the white studio floor, and the seeds add texture. There are classic instant movie shoots, nostalgic color ratings, some overexposure, soft shadows, studio light settings, and more --ar 4:5

딸기 영상 예시

계란 영상 예시

두 번째는 시각적 '가까움'으로 소비자에게 더 밀접하게 다가가는 것을 추천합니다. F&B(식음료)나 화장품 광고에서는 매우 가까운 거리감(매크로샷, 익스트림 클로즈업)을 활용해 텍스처와 디테일을 강조하여 소비자로 하여금 먹거나 사용하고 싶어 지게 하는데 효과적입니다. (핵심 키워드 : Macro photography, Extreme close up)

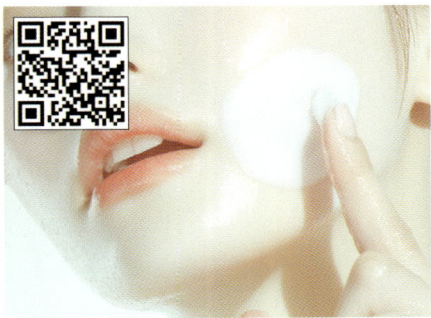

Extreme close up 영상 예시

햄버거 치즈 이미지 예시 프롬프트

A close-up of the cheese melting over the patty, the cheese blending seamlessly with the patty, creating an irresistible visual appeal, 32k --ar 16:9 --s 250

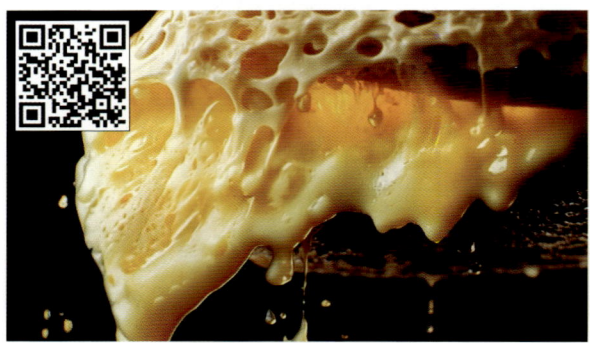

햄버거 치즈 영상 예시

광고의 스타일을 세분화하여 선택하는 것도 중요한 요소 중 하나입니다.

광고는 크게 이미지성 광고, 감성적 광고, 정보성 광고 세 가지 유형으로 나눌 수 있습니다.

이미지성 광고는 브랜드가 지닌 상징성, 프리미엄 감성, 라이프스타일을 시각적으로 연출하여 소비자에게 브랜드의 고유한 분위기를 각인시키는 것을 목표로 합니다. 이러한 광고는 하이엔드 브랜드에서 자주 활용되며, 제품의 기능이나 정보 전달보다는 감각적 연출과 미적 요소에 집중합니다.

감성적 광고는 인간적인 스토리를 담아 소비자와의 공감대를 형성하는 데 초점을 맞춥니다. '광고 속 주인공처럼 되고 싶다'는 정서적 호소를 통해 브랜드에 대한 호감도와 친밀도를 높이며, 장기적인 충성도를 유도하는 데 좋습니다. 화장품, 패션 업계에서 자주 활용되며, 감성을 기반으로 한 스토리텔링 기법이 중요한 역할을 합니다.

정보성 광고는 제품의 기능, USP(Unique Selling Proposition, 차별적 가치 제안), 기술적 우수성 등에 초점을 맞춰 브랜드의 차별성을 강조하는 유형입니다. 주로 가전제품, 보험, 자동차 등의 업종에서 많이 활용되며, 타사 대비 성능 우위를 강조하거나 객관적인 데이터를 제시하여 소비자의 구매 결정을 유도하는 것이 핵심입니다.

3가지 유형의 광고 이미지 예시

AI 광고에 잘 어울리는 P-CODE 및 SREF 코드 모음

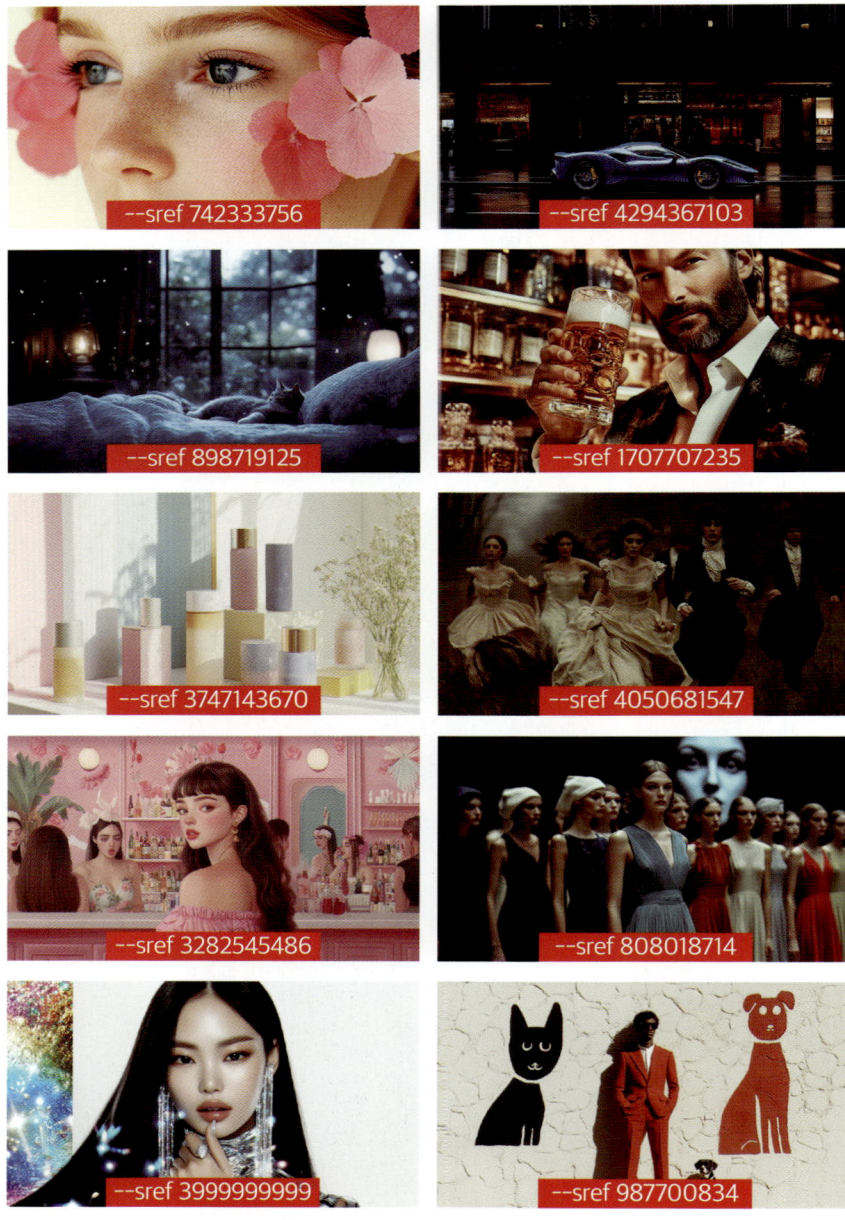

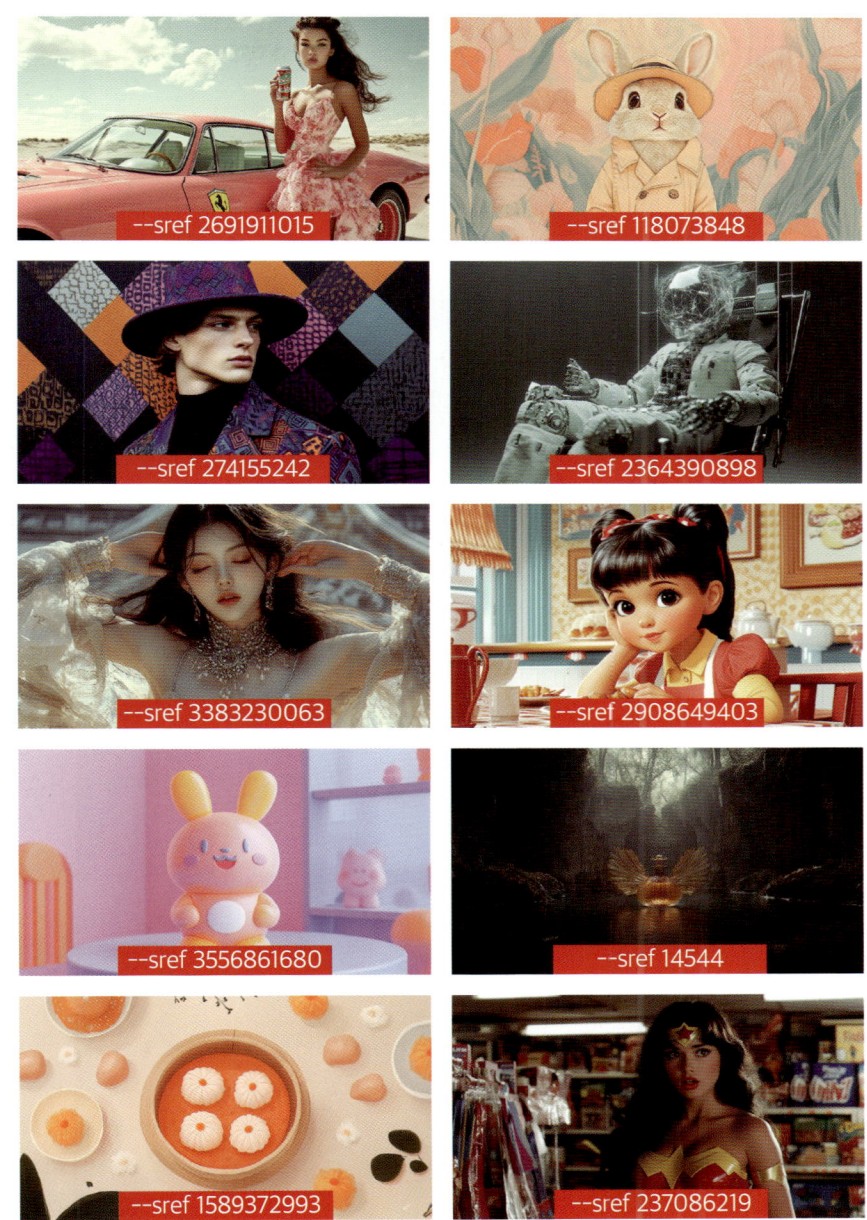

4. 계속 보고 싶은 뮤직비디오 맛집

AI 음악 시장의 발전과 배경

현재 AI 영상 제작을 활용한 수익화 모델 중 하나로, AI 음원을 활용하는 크리에이터들이 빠르게 증가하고 있습니다. 과거에는 음원을 직접 제작하는 일이 쉽지 않아, 기존 음원을 편집하거나 직접 녹음해 창작 음원을 발매하는 것이 상당한 기술과 시간이 요구되는 작업이었습니다. 더구나, 저작권 문제로 인해 유튜브 수익화로 연결하는 것도 까다로운 부분이 많았습니다.

하지만 이제는 AI 기반 음원 제작 플랫폼이 등장하면서 손쉽게 새로운 음원(가사·보컬 포함)을 만들어낼 수 있는 환경이 조성되었습니다. 나아가, 저작권 등록 플랫폼을 활용해 음원을 정식 발매하고, 유튜브·틱톡 등의 SNS를 통해 저작권 수익을 확보하는 사례도 늘고 있습니다.

실제로 AI 음원 제작만으로도 수천만 원의 수익을 올리는 제작자들이 등장하면서, 관련 시장이 폭발적으로 성장하고 있습니다. 음원은 단순히 소리만으로도 수익을 창출할 수 있지만, 여기에 뮤직비디오(MV) 형식의 영상을 결합하면 더 많은 주목을 받을 뿐만 아니라 조회수 또한 크게 증가할 수 있습니다. 음악만 들을 때보다 시각적 요소가 더해지면 시청 지속 시간이 증가하며, '듣는 것'과 '보는 것'의 결합이 브랜딩에도 긍정적인 영향을 미칩니다. 사람들이 단순히 노래를 듣는 것보다 시각적 스토리와 함께 감상할 때 훨씬 더 강한 감정을 느끼기 때문입니다.

예를 들어, AI로 제작한 독특한 분위기의 영상(애니메이션, 초현실적 배경 등)이 곡의 테마나 감성을 극대화하는 역할을 할 수 있습니다. 또한, 유튜브나 틱톡 같은 플랫폼에서 음원과 영상을 함께 업로드하면, 자동 재생 시 음악+영상의 형태로 노출되면서 자연스럽게 댓글, 좋아요, 공유 등을 유도할 수 있습니다. 이를 마치 AI 뮤직비디오 전문 채널처럼 운영하면, 구독자 증가와 브랜딩 강화에도 효과적일 수 있습니다.

특히, 자체 제작한 AI 음원과 영상은 완전히 새로운 창작 콘텐츠이기 때문에, 기존 음원을 무단 사용해 저작권 문제가 발생하는 일을 방지하면서도 안전하게 수익을 창출할 수 있습니다. 저작권 등록 플랫폼을 통해 정식 발매하면, 유튜브 Content ID 등으로 안정적인 수익을 확보할 수 있습니다.

배경형 M/V 예시

AI 음원을 영상과 결합하는 방식은 크게 두 가지로 나눌 수 있습니다. 첫 번째는 뮤직비디오(MV) 스타일입니다. 보컬과 가사가 포함된 곡의 경우 MV처럼 장면 전환, 캐릭터 등장, 스토리 전개 등을 담아 영상적으로 풍부하게 구성할 수 있습니다. 예를 들어, AI로 생성한 가상의 아이돌이나 캐릭터를 주인공으로 내세워 환상적인 무대를 연출하거나, 짧은 스토리를 기반으로 한 영상 형식으로 풀어낼 수도 있습니다.

잔잔한 연주곡에 맞춰 길게 반복되는 배경영상(Visualizer)을 제작하는 스타일도 있습니다. 이 영상은 심플하지만 중·장기적 재생(백그라운드 재생)을 유도할 수 있어서, 유튜브 수익화에 유리합니다. 예를 들어, ASMR 채널처럼 30분~1시간 분량의 음악과 함께 자연 풍경, 추상적 패턴 등을 배치해 편안한 분위기를 연출하는 방식이 대표적입니다.

이러한 다양한 음원은 Suno 플랫폼에서 최대 4분 길이로 생성할 수 있으며, 'Extend' 기능을 활용해 긴 음원을 이어 붙이는 것도 가능합니다. 예를 들어, AI

가 생성한 음원이 8분 길이라면, 이를 바탕으로 배경형 영상을 30분짜리로 확장해 유튜브에 업로드할 수도 있습니다. 이 과정에서 반복 재생이나 믹싱 기법을 활용하면 더욱 자연스럽게 길이를 조절할 수 있습니다. 음원을 생성할 때도 명확한 스타일 지시가 중요합니다. 장르, 템포, 분위기를 구체적으로 설정하는 것이 좋은데, 예를 들어 Lo-fi hip hop, 70 BPM, rainy mood, gentle guitar melody 같은 방식으로 원하는 스타일과 느낌을 자세히 명시할수록 결과물이 더욱 만족스러울 가능성이 높습니다. 만약. 보컬이 포함된 음원을 원한다면, GPT를 활용해 가사 초안을 작성하고 Suno에서 지원하는 보컬 모델을 활용해볼 수 있습니다. TTS(텍스트 음성 변환) 기술을 활용해 원하는 목소리를 생성하고 이를 보컬 트랙에 합성하는 방법도 가능합니다.

음원 생성 역시 이미지나 영상 제작과 마찬가지로 한 번에 완벽한 결과물이 나오지 않을 수 있으므로 키워드와 프롬프트를 조금씩 수정해가며 여러 번 시도하는 과정이 필수적입니다.

AI 뮤직비디오(영상) 제작 프로세스는 음원의 길이, 장르, 분위기를 확정한 후 시작됩니다. 가사가 포함된 곡이라면, 가사와 곡의 스토리 흐름을 정리하여 영상 시나리오로 발전시킬 수 있습니다. 이때, 곡의 인트로(도입부), 클라이맥스(절정), 엔딩(마무리) 구간을 구분해 영상 전개를 구성하는 것이 중요합니다. 예를 들어, 다음과 같은 흐름을 미리 구상해두면, 음원과 조화를 이루는 영상을 보다 효과적으로 제작할 수 있습니다.

- **인트로 10초 : 주인공이 잠에서 깨어나는 장면**
- **중간 20초 : 춤추는 모습, 서정적인 애니메이션 배경**
- **엔딩 10초 : 주인공이 하늘로 떠오르는 장면**

음원이 준비되었다면, 미드저니나 스테이블 디퓨전 등에서 곡의 테마에 맞는 장면(캐릭터, 배경, 소품 등)을 컷 단위로 생성합니다. 가사 내용과 음악 분위기를 반영한 프롬프트를 작성하면, 뮤직비디오 스토리에 어울리는 이미지를 보다 쉽게 얻을 수 있습니다.

보컬 & 스토리형 M/V 예시

이미지→영상(I2V) 또는 텍스트→영상(T2V) 방식을 활용해 영상 클립을 생성합니다. 스토리보드에 맞춰 한 씬(Scene)씩 제작할 수도 있고, 짧은 클립을 이어 붙이는 방식으로 작업할 수도 있습니다. 편집은 프리미어, 캡컷 같은 편집 툴로 음악의 각 구간(인트로/클라이맥스/엔딩)에 맞춰 장면전환을 디자인하는 과정이 필요합니다. 가사가 포함된 경우, 자막(가사 자막)을 추가하면 더욱 완성도 높은 결과물을 만들 수 있습니다. AI로 생성된 영상 특유의 어색함을 줄이기 위해 색감 보정, 속도 조절, 트랜지션 효과 등을 활용해서 좀더 자연스럽게 다듬는 것이 좋습니다.

완성된 영상을 유튜브, 틱톡, 인스타그램 등에 업로드하고, 생성한 음원은 음원 저작권 등록을 진행해서 수익화를 진행하면 더 좋기에 밑에서 언급할 다양한 AI 음원 유통 플랫폼에도 정식 발매를 진행함으로써, 스트리밍 수익화도 노려볼 수 있게 됩니다.

AI가 생성한 음원은 기존 음원을 리믹스한 것이 아니라면, 새로운 창작물로 인정될 수 있습니다. 그러나 각 플랫폼마다 사용 조건이 다르므로, 정식 발매 또는 저작권 등록 절차를 진행해야 안전하게 수익을 확보할 수 있습니다. 예를 들어, TuneCore, DistroKid, CDBaby 등의 플랫폼을 통해 음원을 디지털 플랫폼에 등록하면, 유튜브·틱톡의 저작권 인식(Content ID) 시스템을 통해 로열티를 수령할 수 있습니다. 다만, AI 음원 생성 시 학습 데이터가 원저작물을 침해하지 않았는지 주의해야 합니다.

음원을 등록해 두면, 다른 채널에서 해당 음원을 사용할 경우 광고 수익의 일부를 받을 수도 있으며, 본인의 채널에서도 광고 설정을 통해 음원 기반 수익을 창출할 수 있습니다. 틱톡 등의 플랫폼에서 곡이 챌린지 형태로 확산될 경우, 다른 사용자들이 해당 음원을 선택해 영상을 제작하면서 저작권 수익이 발생할 수 있습니다. 특히, AI로 제작된 곡이라는 점이 화제가 되면서 자연스러운 홍보 효과를 기대할 수도 있습니다.

뮤직비디오 스타일로 제작할 경우, 짧고 강렬한 인트로를 구성하는 것이 중요합니다. 온라인 시대의 시청자는 초반 3~5초 안에 영상을 계속 볼지말지를 결정하기 때문에 시각적으로 임팩트 있는 장면을 배치하는 것이 좋습니다. 이를 위해, 음원에 가사가 포함되어 있다면 개성 있는 폰트(브랜드 이미지와 어울리는 폰트)를 활용해 가사 자막을 추가하여 시각적 포인트를 강조해주면 좋습니다. 전통적인 뮤직비디오처럼 자막 없이 화면에 집중시키는 방식도 가능하지만, AI 특유의 애니메이션 기법과 타이포그래피를 결합하면 독창적인 감성 연출도 가능합니다.

AI 캐릭터만을 활용하는 것도 가능하지만, 실제 촬영 장면을 일부 결합하면 현실감과 상상력이 조화를 이루는 하이브리드형 MV를 제작할 수 있습니다. 예를 들어, 실제 모델이 음악에 맞춰 춤추는 장면과 AI로 제작된 판타지 세계를 번갈아 보여주면 시청자에게 신선한 경험을 제공할 수 있습니다.

곡과 뮤직비디오를 연속적인 시리즈 형태로 제작해 하나의 브랜드처럼 운영하는 것도 좋은 전략입니다. 예를 들어, 'AI 뮤직 갤러리' 컨셉으로 지속적인 콘텐츠를 업로드하면, 구독자와 팬덤이 형성되면서 추가적인 수익 모델(굿즈 판매, 온라인 이벤트, 공연 등)로 확장할 수 있습니다.

카페에서 듣기 좋은 음원 영상 만들어보기

조용한 카페 분위기에 잘 어울리는 잔잔한 음의과, 시각적으로도 편안한 반복 영상을 AI 툴로 제작하면, 유튜브·틱톡·SNS 등에서 백그라운드 뮤직 콘텐츠로 인기를 끌 수 있습니다. 또, 카페나 작업실, 독서실 등에서 계속 재생하기 좋은 콘텐츠는 시청(재생) 시간이 길어서, 광고 수익이나 저작권 수익을 누릴 기회가 있습니다.

제작의 첫 단계는 (앞서 여러 차례 다뤘던 것처럼) 역시 GPT를 활용한 음원 장르 추천 및 영상 시나리오 구성에서 시작됩니다. 카페용 음악이라면, 주로 Lo-fi, 재즈, 어쿠스틱, 클래식, 보사노바(Bossa Nova) 등 부드럽고 배경 음악으로 적합한 장르들이 인기를 끌고 있습니다. GPT에게 "잔잔하고 편안한 분위기의 카페 음악 스타일을 추천해줘." 라고 요청하면, 이에 적합한 장르와 스타일을 제안해줍니다. 추천받은 장르를 Suno AI나 기타 AI 음원 생성 툴에 적용할 키워드로 정리하여 활용하면 됩니다.

카페 음악을 들을 때, 영상은 너무 화려하지 않고 잔잔한 반복 장면이 좋습니다. GPT에게 "카페에서 듣기 좋은 음악에 어울리는 반복 재생용 영상" 아이디어를 물어보면, 다양한 컨셉(바다, 숲속, 도시 야경, 추상 아트, 미니멀리즘)를 제안해줍니다.

> 카페에서 듣기 좋은 음원을 suno ai를 통해 제작시 음원 장르 및 음악 스타일 키워드들 추천해주고 이에 어울리는 반복 재생되는 영상용 이미지들을 제작하기 위한 미드저니 프롬프트 작성해줘

카페에서 듣기 좋은 음원 제작을 위한 키워드 및 스타일

음원 장르 추천
1. **Lo-fi Chillhop**: 부드러운 리듬과 아날로그 질감. 카페의 따뜻한 분위기와 잘 어울림.
2. **Acoustic Indie Folk**: 편안한 기타 선율과 섬세한 보컬이 어우러진 자연스러운 음악.
3. **Jazz Lounge**: 부드러운 색소폰과 피아노 멜로디로 이루어진 세련된 느낌의 재즈.
4. **Ambient Chill**: 몽환적이고 잔잔한 사운드로 공간을 채우는 음악.
5. **Bossa Nova**: 브라질 특유의 리드미컬하면서도 잔잔한 기타 선율.
6. **Soft Electronica**: 차분한 신스와 드럼머신이 조화를 이루는 음악.

음악 스타일 키워드
- Calming
- Warm Tones
- Gentle Rhythm
- Minimalistic

GPT의 음원 장르 답변 예시

AI로 만든 이미지를 영상화해서 반복되는 루프된 영상으로 뮤직비디오를 구성할 때, 루프로 제작된 여러 다양한 화면을 만들어서 로테이션 시키면 더욱 부드럽고 재미있는 장면을 완성할 수 있습니다. GPT가 제안한 프롬프트 중 마음에 드는 것들을 골라서 미드저니(혹은 스테이블 디퓨전)에 입력해서 예를 들어 Caf- theme, ocean view, light pastel color scheme 등 일관된 분위기를 주는 키워드로 시리즈 이미지를 생성합니다.

물론 하나의 이미지를 통해서 루프 영상으로 만들어도 좋지만, 시청자는 다채로운 시각 요소를 원할 수 있기에 비슷한 톤과 구도로 3~5장 정도를 통한 영상을 만들어서 번갈아 전환시키는 방식이 더 부드럽고 흥미로울 수 있습니다. GPT가 추천한 프롬프트 이외의 내용으로 제작하거나, 본인이 좋아하는 스타일을 더 추가하여 프롬프트를 제작하는 것도 좋은 방법입니다.

이미지 예시 프롬프트

A minimalist caf- terrace overlooking a wave, misty ocean, with soft ambient lighting and dreamy tones --ar 16:9 -p

GPT 추천 프롬프트로 생성한 이미지 예시

Luma AI는 이미지나 3D 데이터를 활용해 반복되는 루프 영상을 간편하게 생성할 수 있는 플랫폼 중 하나입니다.

Luma AI에 접속한 후, 왼쪽 메뉴에서 BOARD와 IDEAS 중 IDEAS를 선택합니다.
화면 하단의 프롬프트 입력창을 통해 원하는 이미지를 업로드합니다.
이미지를 업로드한 후, 프롬프트 창에 Looping video of...(반복하려는 동작)를 입력합니다.
프롬프트를 입력하지 않아도 루프 영상 생성이 가능하지만, Loop는 반드시 포함해야 합니다.

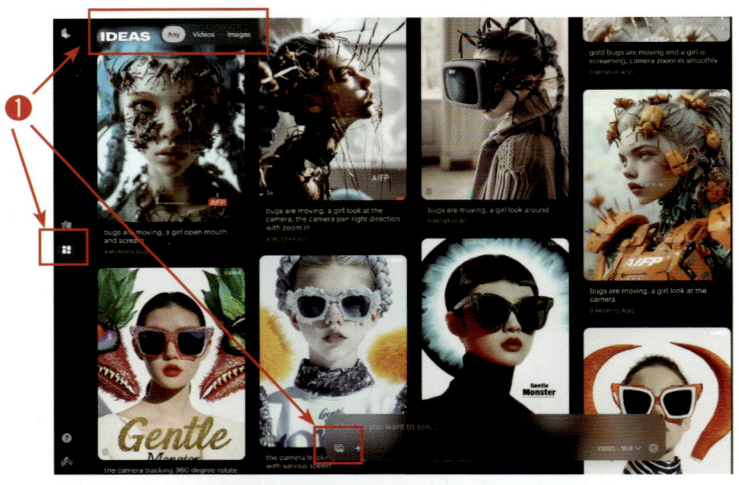

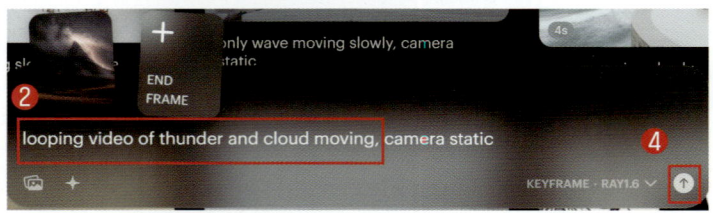

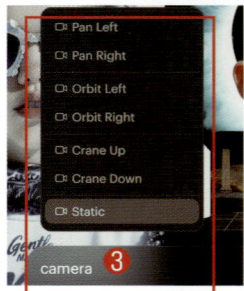

또한, 루프 영상을 제작할 때 카메라 움직임이 많으면, 반복 영상이 전환되는 지점에서 부자연스럽게 보일 수 있습니다. 이러한 문제를 방지하려면, 프롬프트 창에 Camera를 입력하고, 카메라 무빙 옵션에서 Static을 선택해야 합니다. 이렇게 하면, 움직임이 없는 고정 구도의 영상이 생성되어 루프 효과가 극대화됩니다. 예를 들어, LOOPING video of waves gently rolling, static camera 같은 방식으로 장면을 묘사하면서 카메라 이동을 배제하는 것이 좋습니다. 만약 원하는 분위기가 나오지 않는다면, 여러 번 시도하거나 다른 이미지를 사용해 테스트해보는 것도 괜찮은 방법입니다.

영상을 원하는 길이(예: 30분, 1시간, 심지어 2시간)로 끊김 없이 이어지는 영상으로 제작하려면, 루프 기법을 여러 번 반복하는 방식을 활용하면 됩니다.

먼저, 하나의 이미지를 이용해 10~15초 길이의 짧은 루프 영상을 만듭니다.
이때, 마지막 프레임(영상의 마지막 장면)과 첫 프레임(영상의 첫 장면)이 자연스럽게 이어지도록 구성하면 반복되는 영상이 더욱 부드럽게 연결됩니다.

이후, 편집 툴(예: 프리미어 프로, 캡컷)에서 마지막 프레임을 캡처한 뒤, 이 이미지를 다시 Luma AI에 업로드하여 새로운 루프 영상을 생성하는 방식으로 길이를 연장할 수 있습니다.

Luma ai Loop 영상 제작 방법 및 결과 영상 예시

무료 웹사이트(추출 프로그램 - Final Frame Extractor) 중에는 자동으로 마지막 프레임을 추출해 주는 곳도 있으니, 그 기능을 활용하면 작업 효율이 올라갑니다.

마지막 프레임 추출 프로그램 – Final Frame Extractor

주소 : https://finalframe.ai/frameextract

[추출 방법 1] Final frame 사이트에 동영상 업로드
 : 자동으로 생성되어 나오는 4컷의 이미지 중 1컷을 오른쪽 마우스 클릭해서 다운로드

[추출 방법 2]
프리미어 프로에 영상을 올려놓고 영상의 마지막 프레임으로 이동한 뒤 카메라모양 아이콘 클릭하여 '프레임 내보내기'로 마지막 이미지 추출

이렇게 생성된 여러 클립을 이어 붙이면, 최종적으로 오랜 시간 재생해도 어색함 없는 '무한 루프' 영상을 얻을 수 있습니다. 카페/공부방/집콕/ASMR 처럼 배경음악+장시간 반복 영상을 만들어 유튜브에 올리면 시청 시간 확보에 큰 도움이 됩니다. 이렇게 영상 클립 등이 모두 준비되었다면 다음으로 음원을 생성하면 됩니다.

앞서 GPT가 추천한 음원 스타일 중 하나를 선택한 후, Suno 등 AI 음원 생성 플랫폼에서 곡을 제작합니다. 카페 분위기를 위한 음원이라면 악기 연주 중심의 곡이 적합하지만, 가사를 넣어 감성적인 느낌을 더할 수도 있습니다. 가사는 GPT를 활용해 생성할 수 있으며, Suno AI에서 음원을 만들 때 가사를 입력하면 자동으로 보컬이 추가됩니다. 이때, 프롬프트 작성 시 보컬의 특성을 구체적으로 지정하는 것이 중요합니다. 예를 들어, 여성 보컬, 남성 보컬, 허스키한 톤, 고음 강조 등의 키워드를 포함하면 원하는 스타일에 맞는 보컬을 얻을 수 있습니다. 보컬이 없는 BGM 형태로 길게 제작하는 경우, 카페 음악으로 더욱 적합합니다.

Suno에서는 최대 4분 길이의 곡을 생성할 수 있지만, 일부 곡들이 3분 59초에서 부자연스럽게 끝나는 경우가 종종 발생합니다. 이럴 때는 음원 확장(Extend) 기능을 활용하여 자연스럽게 마무리하는 것이 좋습니다. 인트로, 중반, 엔딩 등 특정 구간을 선택해 Extend 기능을 적용하면, 변주를 가미하면서도 장시간 들어도 질리지 않는 음악을 완성할 수 있습니다.

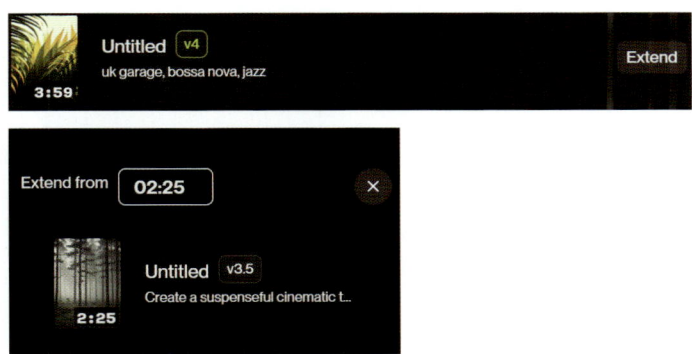

Extend 기능 화면 및 Extend 구간 설정을 통해 변주 가능

이제 영상(루프 클립)과 음원이 모두 준비되었다면, 편집 프로그램(프리미어, 캡컷 등)을 활용해 최종 조합을 진행합니다.

편집 과정에서 생성된 영상 클립을 반복 재생해 제작하다 보면, 음원의 길이와 영상 길이가 정확히 맞지 않는 경우가 많아 어느 한쪽을 추가로 편집해야 할 일이 자주 발생합니다. 이럴 때는 루프 영상의 길이를 음악에 맞추거나, 음원을 페이드 인·아웃(Fade In·Out) 처리하여 원하는 시간에 자연스럽게 종료되도록 조정하면, 보다 완성도 높은 결과물을 만들 수 있습니다. 음악이 갑자기 끝나면 부자연스러울 수 있으므로 마지막 구간을 부드럽게 정리하는 것이 전문가적인 느낌을 주는 방법입니다.

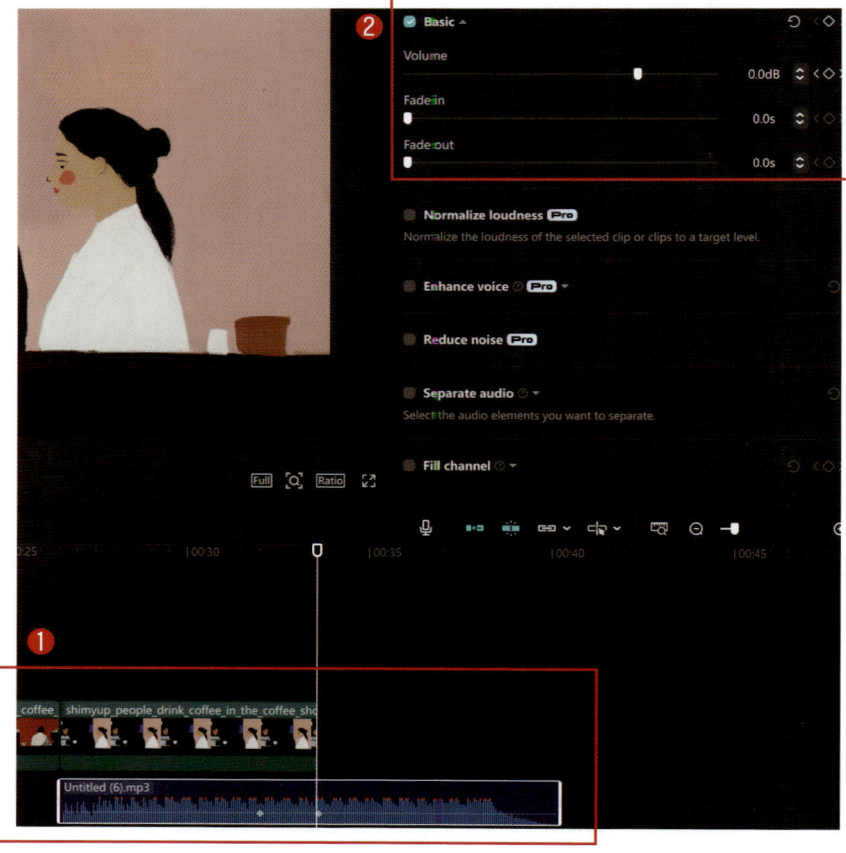

1. 영상이 음원보다 짧은데 영상을 늘리지 못 할 경우 음원을 선택
2. 자연스럽게 끝날 수 있는 음원의 위치와 영상의 끝 프레임에 키 프레임(다이아몬드 표시) 추가

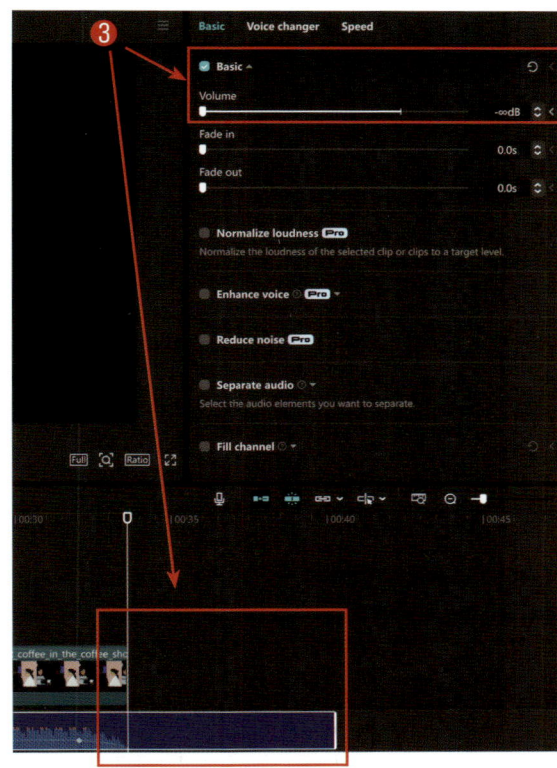

3. 영상의 마지막 영상 프레임에서 음악 "Volume"이 "0"이 되도록 조절 후 남은 음원 길이 삭제

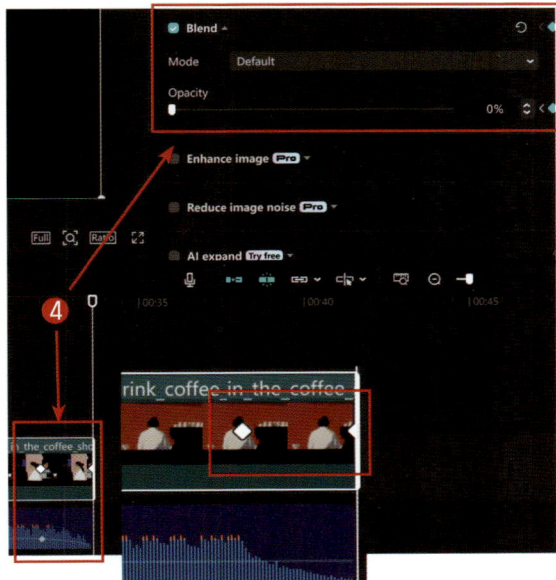

4. 위와 같은 방법으로 영상도 "Blend" 탭 안에 있는 "Opacity"를 음원 조절,

Extend 기능 화면 및 Extend 구간 설정으로 변주 가능

영상을 활용한 브랜딩 진행 시, 영상의 시작과 끝 부분에 간단한 로고나 채널명을 삽입할 수 있습니다. 카페 분위기를 강조하기 위해 Cozy Cafe Music for Relaxation 같은 문구를 자연스럽게 화면에 띄워두는 것도 좋습니다.

타이틀 자막 예시 이미지

편집 프로그램으로 Loop 영상 스타일 제작 방법 및 결과 영상 예시

이렇게 1개의 영상으로 무한 루프 영상을 만들면 시간과 비용이 많이 들지 않는다는 장점이 있는 대신 화면의 변화가 없기에 시선을 끌기에 쿠족 할 수 있습니다. 이럴 때는 이미지를 통해서 영상을 만드는 방법입니다.

예전에는 다양한 이미지를 확보하거나 직접 제즈하는 것이 어려웠지만, 이제는 AI를 활용해 같은 스타일의 이미지를 수백 장까지 손쉽게 변형(베리에이션)할 수 있게 되었습니다. 이를 활용해 영상을 제작하면, 보다 높은 주목도를 가진 영상을 만들 수 있습니다.

작업 방식은 간단합니다.

마음에 드는 이미지 한 장이 생성되면, 미드저니의 VARY 기능을 활용해 다양한 변형 버전을 생성하거나, 기존 프롬프트를 그대로 사용해 재생성할 수 있습니다. 이렇게 생성된 이미지들을 편집 프로그램에 불러와 순서대로 배열한 후, 음악만 입히면 시각적으로 다채로운 이미지를 감상하면서도, 긴 시간 동안 음악을 청취할 수 있는 영상을 손쉽게 제작할 수 있습니다.

 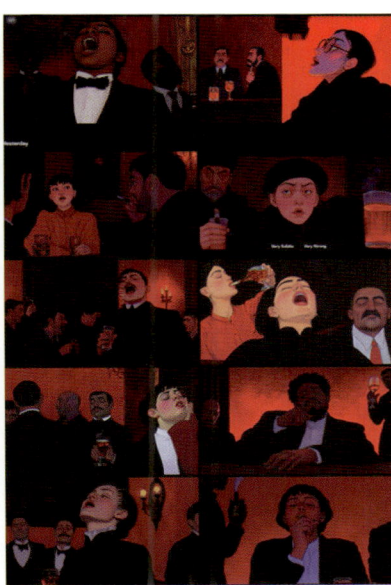

일관성 있는 이미지 생성 프롬프트를 통해 다수의 이미지를 만들어 낸 결과 예시

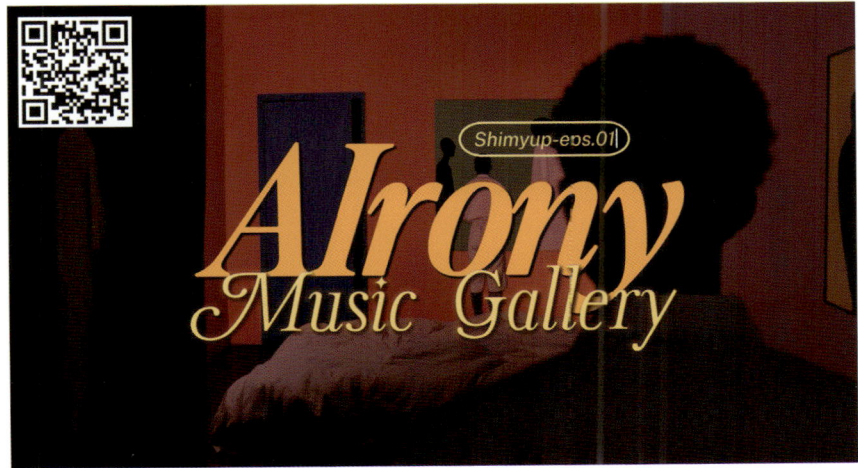

이미지만을 이용한 뮤직 비디오 만들기 및 결과 영상 예시

167

이렇게 본인이 직접 제작한 AI 음원으로 수익화하려면, 저작권 등록 플랫폼을 활용해 정식 음원 발매를 진행하는 것도 좋은 전략입니다. 저작권 등록을 지원하는 플랫폼은 여러 곳이 있으며, 자신의 음악 스타일과 필요에 맞춰 적절한 서비스를 선택하면 됩니다. 대표적인 플랫폼 몇 곳을 소개해 보겠습니다.

DistroKid (distrokid.com)은 연회비 약 24.99 USD~99.99 USD로 가입하면 무제한으로 음원을 업로드할 수 있으며, 음원 스트리밍 수익의 100%가 아티스트에게 지급되는 구조입니다.

	Ultimate 최대 가성비	Musician Plus 인기	Musician
기본료	$8.33 / 월 연간 $99.99 청구	$3.75 / 월 연간 $44.99 청구	$2.08 / 월 연간 $24.99 청구
	선택하기	선택하기	선택하기
	최대 40% 할인	15% 할인	
아티스트 수	10 to 100 artists	3 artists	아티스트 1명
무제한 음원 업로드	✓	✓	✓
무제한 가사 업로드	✓	✓	✓
Spotify 인증 마크	✓	✓	✓
Spotify Canvas 생성기	✓	✓	✓
로열티 분할 시스템 만들기	✓	✓	✓
Access to 20 free tools	✓	✓	✓
모바일 앱 액세스	✓	✓	✓

DistroKid 음원 등록 비용

TuneCore (www.tunecore.com) 플랫폼은 1곡 단위 결제 또는 무제한 이용이 가능한 다양한 요금제를 제공하는 서비스입니다.

CD Baby (cdbaby.com)는 저작권 등록 시, 음원당 또는 앨범당 약 9.99달러의 비용이 발생하지만, 수익의 91%를 아티스트에게 지급하는 플랫폼입니다. 발매 과정은 음원 업로드와 메타데이터 입력만으로 간단하게 완료됩니다.

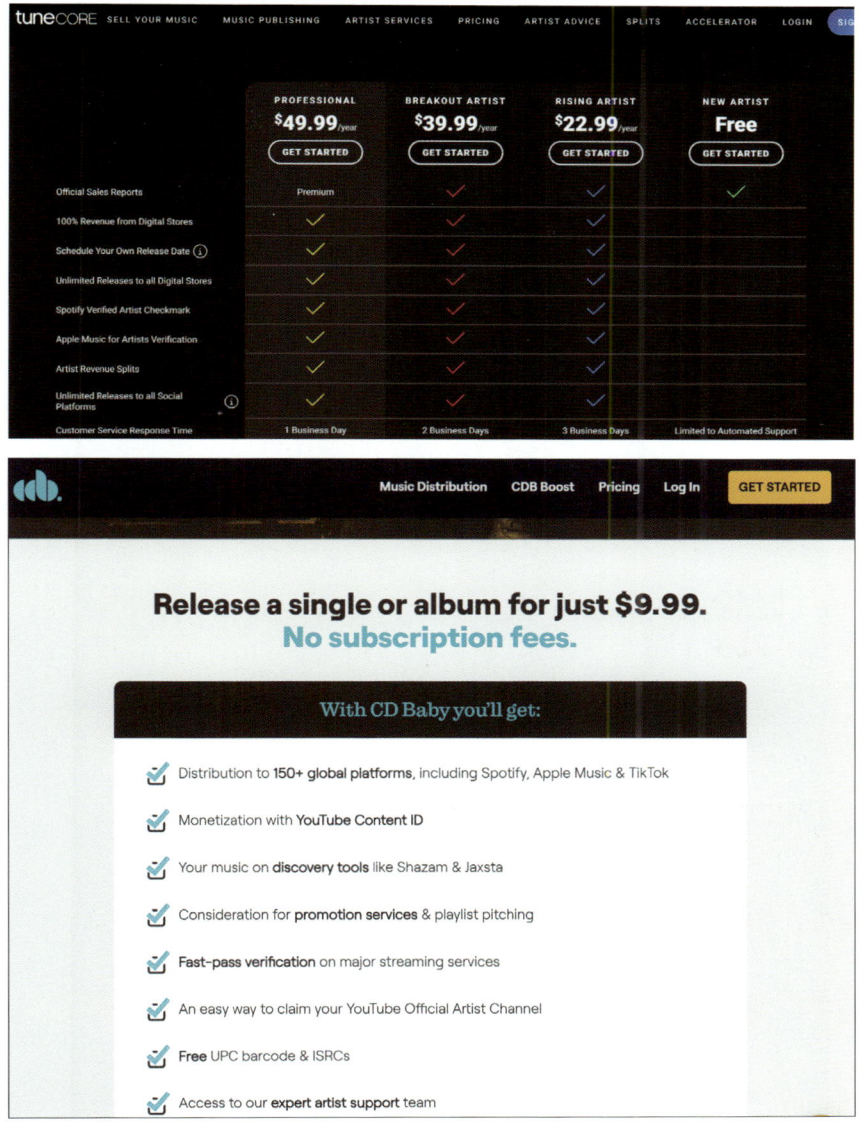

Tunecore & CB baby 음원 등록 비용

[꿀팁]
미드저니에서 생성한 수많은 이미지를 관리하는 방법

앞에서 다뤘던 것처럼 영상을 만들기 위해서는 수많은 이미지들을 생성 해야 하는데 막상 영상 제작 시 원하는 이미지를 다시 일일이 찾아보기 어렵기도 하고 체계적인 관리를 어떻게 해야 할지 막막할 때가 있습니다. 이럴 때 사용하기 좋은 팁을 알려드립니다.

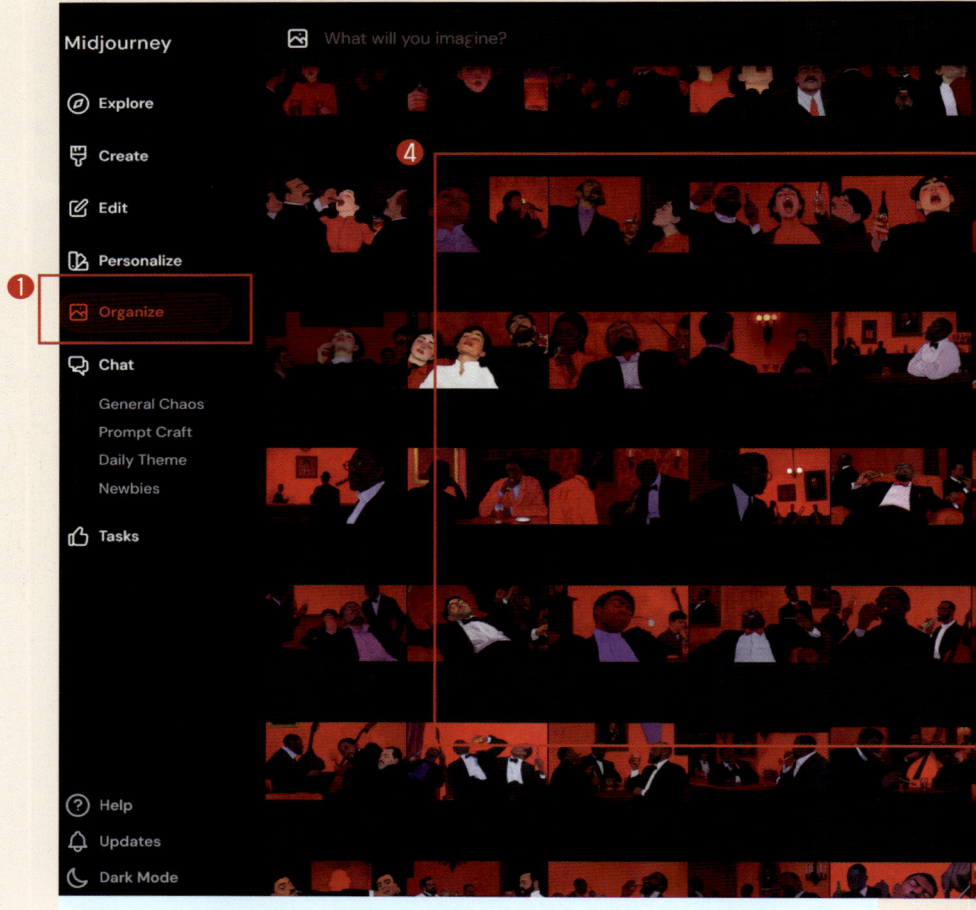

1. Organize 탭 선택
2. 오른쪽 상단에 Folders 밑에 New Folder 클릭
3. 폴더 이름 기입하여 폴더 생성

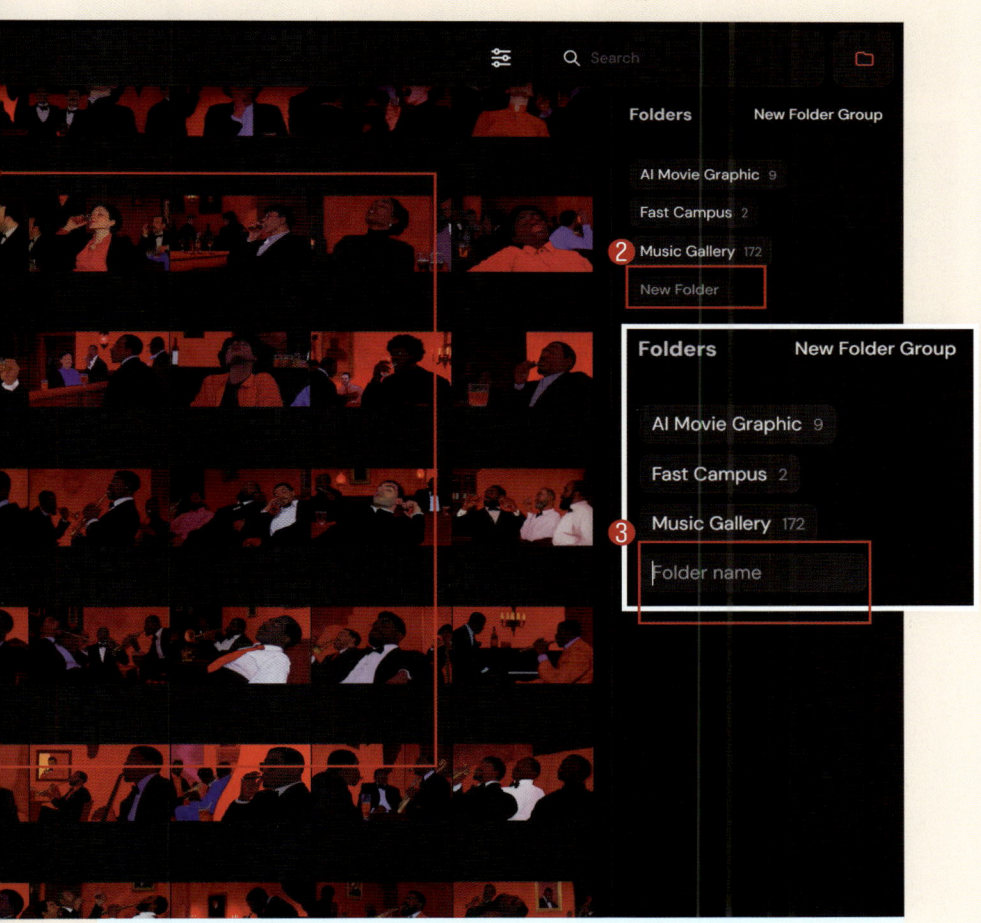

4. 옮기고자 하는 이미지 선택
 - Shift를 누른 상태로 마우스 드래그로 선택
 - 추가 선택이나 제외하고자 할 때도 동일하게 Shift 누르고 클릭해서 선택

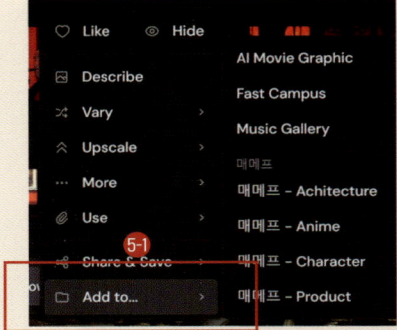

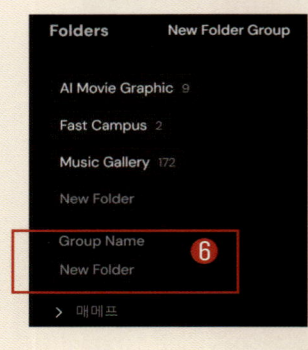

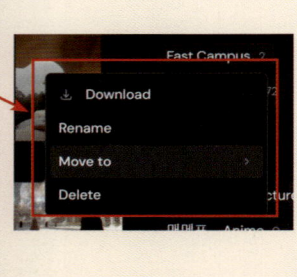

5. 이미지 선택 후 폴더로 이동방법

   5-1. 마우스 오른 버튼으로 나오는 탭에서 Add to.. 선택 후 만들어 놓은 폴더명 클릭

   5-2. 이미지 선택 시 화면 하단의 탭에서 More를 눌러서 Add to folder 클릭해서 나오는 폴더들에서 원하는 폴더로 클릭해서 이동

   5-3. 선택된 이미지를 드래그해서 폴더에 직접 이동

6. New Folder Group 클릭해서 New Folder 그룹 생성
   (그룹은 생성하고 아무 작업 없이 다른 작업을 하면 사라짐)

7. 그룹으로 만들고자 하는 폴더를 생성한 그룹에 드래그 앤 드롭 또는 폴더를 클릭해서 나오는 탭에서 Move to 선택하여 이동

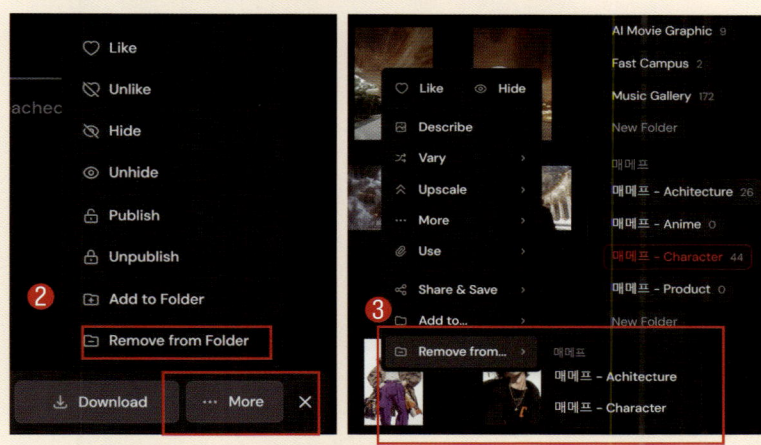

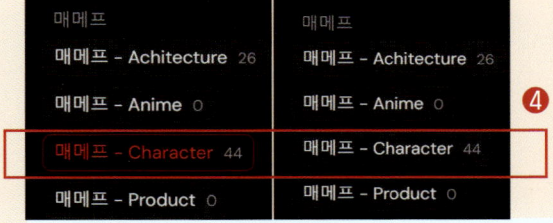

1. 선택된 이미지는 크기가 작아집니다.
2. 폴더 내에 포함된 이미지를 제외하고 싶으면 폴더에서 제외하고 싶은 이미지 선택을 하면 하단에 나타나는 More 탭에서 Remove from Folder 선택하여 제외
3. 또는 이미지 선택하고 오른쪽 마우스를 클릭해서 나오는 Remove from.. 선택 후 제외하고자 하는 폴더 클릭
4. 폴더가 선택(빨갛게 변함) 되어 있으면 폴더 내 이미지만 보이고 다시 클릭하면 비활성화되어 전체 이미지가 보임 (복수로 폴더 선택은 불가)

MV(뮤직비디오) 영상 제작 팁

앞서 만든 루프 영상이나 이미지로 제작 된 장시간 카페 음악 외에, 짧은 뮤직비디오 형식으로 음원을 홍보하고 싶다면 다음 팁을 참고하면 좋습니다.

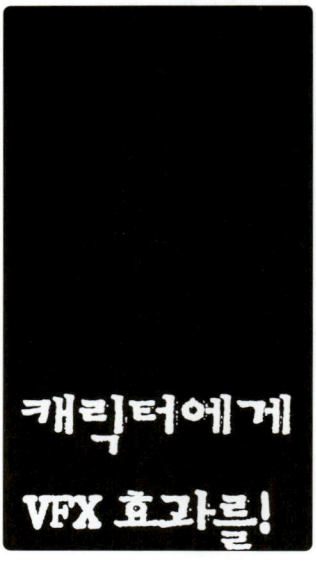

AI 플랫폼에서 이미지를 뽑은 다음, 2D, 3D 파티클(불꽃, 빛 알갱이, 반짝이 등)이나 특수 효과 프롬프트로 영상 제작 시에 추가하여 제작하면 시각적 임팩트가 커집니다.

AI 영상이 대상에게 VFX 효과를 주기 위해서는 카메라를 과도하게 움직이면 VFX가 어색해질 수 있으므로, Camera static을 프롬프트에 넣어 고정 구도를 유지하는 것이 좋습니다.

[Runway Gen3 VFX 효과 프롬프트 구성 : Camera static shot + 원하는 VFX 효과 프롬프트]

- camera static shot : vivid flowers pops up on the forest
- camera static shot : white paint fall down from the top to her, camera static

Runway VFX 효과 적용 영상 예시

[Kling VFX 프롬프트 구성 : 원하는 VFX 프롬프트 + Static Shot]

A girl remains still, looking directly at the camera with a calm and neutral expression. A single flower on her head begins to grow rapidly, its petals and vines expanding outward in a natural and organic manner. The growth spreads seamlessly, covering her head first, then cascading down her shoulders, arms, and torso. The motion is fluid, with the vines wrapping around her body gracefully. Leaves and blossoms unfold in a visually mesmerizing sequence, gradually enveloping her entire form. The transformation continues until the flowers fully cover her body. Natural and realistic motion.

Kling VFX 효과 영상 예시

앞에서 적용한 방식과 달리, 영상 전반에 걸쳐 VFX 효과를 강조하며 제작하려면 무엇보다 정확한 프롬프트 명령이 필요합니다. 단순한 프롬프트를 사용하면 영상의 형태 유지에는 유리하지만, 다양한 움직임과 VFX 효과를 적용하려면 긴 문장을 활용해 보다 명확한 지시를 내리는 것이 효과적입니다. 이럴 때는 각 플랫폼에 특화된 GPT 채널을 활용하면 더욱 확실한 효과를 얻을 수 있습니다.

Kling VFX 효과 프롬프트 예시

A dramatic explosion erupts from the isolated white house in the middle of the vast golden field, but time is completely frozen, with debris, shattered wood, and flames suspended mid-air, camera orbits smoothly around the explosion, creating an intense 3D bullet-time effect, every detail of the destruction captured in ultra-high detail, thick smoke billowing but completely motionless, cinematic slow-motion emphasizing the frozen chaos, hyper realistic lighting, high contrast between the bright flames and the muted foggy background

Kling VFX 효과 적용 영상 예시

음악의 분위기에 따라, 실사형 영상(배경 촬영), 애니메이션 스타일, 유화/수채화풍 페인팅, 3D 렌더링 등을 섞어 쓰면 시청자의 호기심을 자극할 수 있습니다. 각 구간마다 다른 스타일을 적용하면, 노래 전개에 맞춰 영상의 분위기가 변하는 멋진 효과를 낼 수 있습니다.

다양한 스타일의 영상 이미지 예시

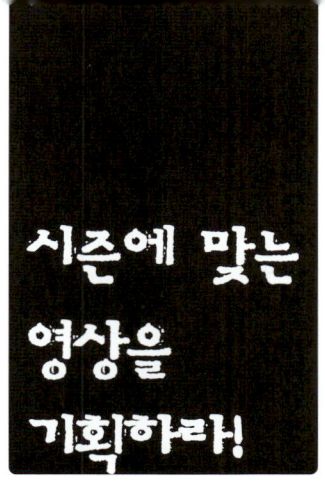

시즌에 맞는 영상을 기획하라!

'봄맞이 카페 음악', '가을 빗소리에 어울리는 음악', '이별 후 듣는 위로 음악' 처럼 계절·상황별로 테마를 잡으면, 시청자들이 필요한 순간에 찾아보게 됩니다. 이를 플레이리스트나 시리즈로 구성하면 구독자 증가와 재방문률에 도움이 됩니다.

시즌에 따른 다양한 풍경 이미지 예시

AI 뮤비에 잘 어울리는 SREF 코드 모음

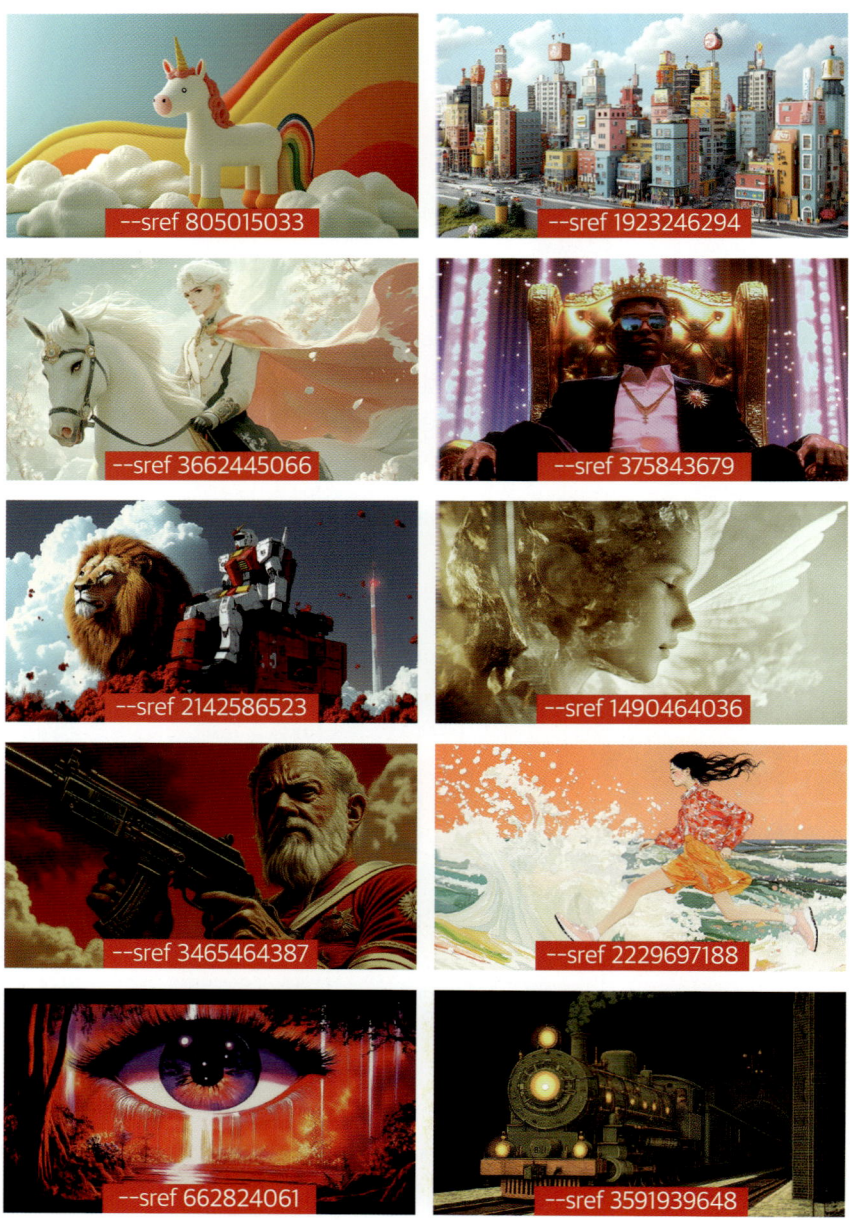

5. 멈춰진 시간을 깨우다, 영상 변환 서비스

지금까지 AI 영상 제작을 배워왔더라도, 스토리가 있는 풀 영상을 온전히 생성하는 데 어려움을 느낄 수 있습니다. 이럴 때 보다 간단한 영상 제작 방식을 활용해 수익화를 실현할 수 있는 시장이 분명 존재합니다. 그중 하나가 이미지를 영상으로 변환하는 서비스입니다. 패션 룩북, 가족사진, 웨딩 사진, 옛날 사진, 아이가 그린 그림, 명화 등 다양한 이미지를 영상화하여 고객에게 감동을 주고, 나아가 새로운 시장을 개척할 수도 있습니다.

정지된 사진을 영상으로 만들어주면 집중도가 올라가고 감성적인 반응이 더욱 커집니다. 예를 들어, 부모님의 결혼사진을 애니메이션 효과로 부드럽게 움직이게 하거나, 패션 룩북 이미지를 동적인 영상처럼 구성하면 특별한 의미와 분위기를 부여할 수 있습니다. 다만, 단순히 이미지를 슬라이드쇼로 변환하는 것만으로는 차별화가 어렵습니다. 아이디어와 연출을 더해 스토리가 있는 클립을 제작해야 시장이 더욱 넓어집니다. 예를 들어, '옛날 가족사진'을 AI로 색 보정/복원하고, 고전적인 영상미를 입혀 과거로의 시간 여행을 표현하는 프로젝트처럼 본인만의 독창적인 아이디어가 접목되면 좀 더 많은 관심을 받을 수 있습니다.

이러한 영상 제작은 기존 이미지를 활용해 영상으로 변환하는 중간 단계만 담당하면 되므로, 접근성이 매우 용이합니다. 다만 이미지를 영상화하는 서비스는 누구나 쉽게 접근할 수 있으며, 관련 앱들도 출시되어 있기 때문에 단순한 변환 효과만으로는 차별화가 어렵습니다. 하지만 본인만의 컨셉과 창의적인 아이디어를 영상화하는 서비스와 결합한다면, 새로운 수익화 모델로 확장할 수 있는 잠재력을 지닌 분야가 될 수 있습니다.

이미지 변환 시장의 대표적인 예로, 패션 모델 사진에 원하는 의상을 입히고 이를 움직이는 형태의 광고 영상으로 변환하는 시장이 각광받고 있습니다. AI 이미지 툴(예: 미드저니, 스테이블 디퓨전, Kolors 등)을 활용하면 패션 모델을 생성하고, 의상 역시 레퍼런스(색상, 질감, 패턴 등)를 조합해 모델이 착용한 이미지를 제작할 수 있습니다. 예를 들어 female model wearing a sleek red gown with intricate lace details, studio lighting 처럼 구체적인 프롬프트를 설정하면 AI가 전체적인 이미지를 생성하거나, 실제 의상을 합성한 착장 이미지를 만들 수도 있습니다.

이렇게 생성된 이미지를 AI 영상 플랫폼(Runway, Kling, Luma 등)으로 가져와 카메라 무빙이나 간단한 동작(예: 회전, 걷는 모션)을 적용해 영상으로 변환하면, 제품 프로모션 용도로 활용할 수 있습니다. 짧은 10~15초 클립을 제작해 SNS에서 광고 콘텐츠로 활용하면 브랜드 홍보 효과를 극대화할 수 있습니다.

이를 보다 전문화하여 패션 룩북과 같은 느낌을 주려면, 착장별(컷별) 콘티를 기획하는 것이 중요합니다. 각 장면마다 브랜드 로고나 타이틀을 삽입하고, 영상의 마지막에는 캠페인 문구(예: "New Summer Collection")를 추가하여 상품 홍보 효과를 높일 수 있습니다. 이러한 작업 과정을 전문적인 서비스로 제공한다면, 소형 패션 브랜드나 인디 디자이너들을 대상으로 사진을 영상으로 변환하는 시장에서 수익을 창출할 수 있습니다.

1. 원하는 의상을 착장한 모델 영상 만들어보기

가상 모델과 가상 의상 이미지 생성 또는 기존의 실제 이미지를 통해서 모델이 의상을 입고 있는 이미지로 생성을 할 수 있는 플랫폼들을 비교해보고 사용법에 대해서 간단히 알아보겠습니다.

의상을 모델에 적용시켜주는 VTON(Virtural try on) 기술은 아주 빠르게 변화하고 있어서 좋은 플랫폼과 방법을 계속 찾아보는 노력이 필요하고 무엇보다 제일 중요한 것은 의상의 디테일이 얼마나 원본과 똑같이 잘 합성 적용이 되느냐가 가장 중요한 포인트입니다.

예시를 위해 초상권과 저작권이 없는 모델과 의상을 제작해 보겠습니다.

이미지 생성 미드저니 프롬프트

Relaxed standing pose, legs naturally crossed, one hand gently touching hair, blonde long hair, white loose hoodie, black shorts, sidewalk scene, newyork street background, natural light, casual everyday style, film, fm2, portra 400, 32k,

의상 이미지 미드저니 프롬프트

product photography, a red color knit shirt with big text "AI" on the front, 32k 1:1

모델 & 의상 이미지 생성 예시

허깅스페이스 Vton 링크 이용하여 의상 바꾸기

VTON은 무료이고 원본 유지력도 좋은 편이나, 다운로드 이미지가 저화질입니다.

https://huggingface.co/spaces/Kwai-Kolors/Kolors-Virtual-Try-On

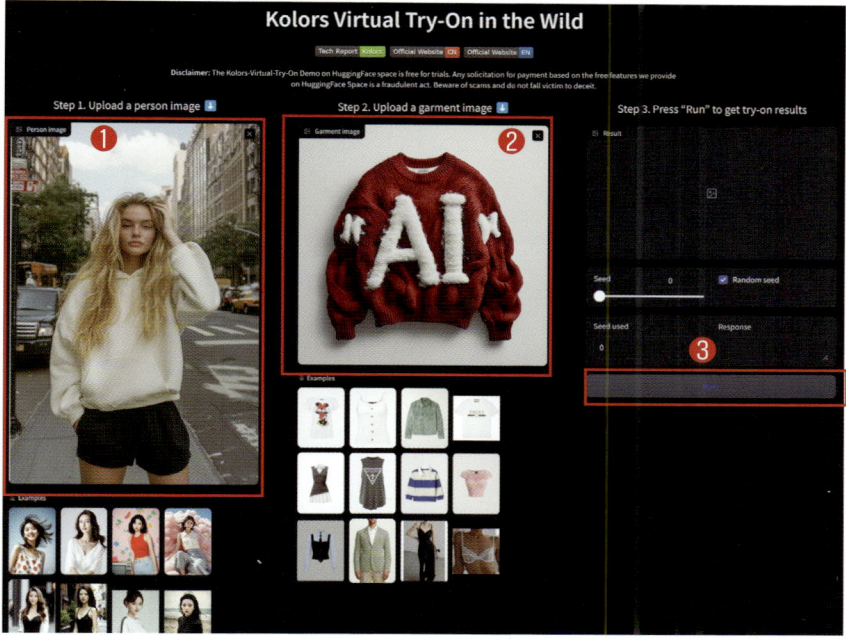

의상 변경 방법

1. 모델 사진 업로드합니다.
2. 의상 사진 업로드합니다.
3. Run으로 생성합니다.

결과물

미드저니의 Edit(InpAInt) 기능으로 의상바꾸기

미드저니의 Edit 기능로도 의상을 변경할 수 있으나 생성되는 의상 원본 변형이 일어납니다.

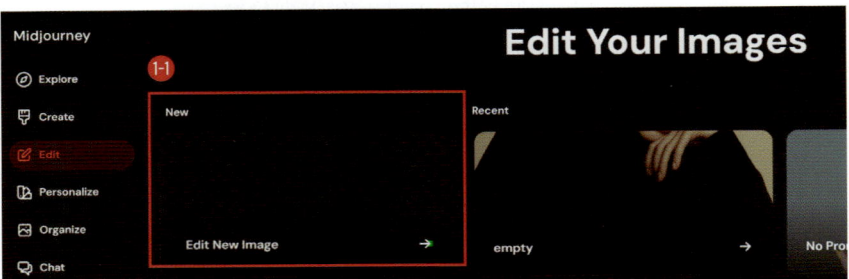

1-1. Edit new image를 선택하여 모델 사진 업로드합니다. 또는,

1-2. Edit 탭을 선택해서 생성해 놓은 모델 사진 선택합니다.

2. 아이콘 클릭해서 의상 이미지 업로드

3. 사진 위에 생기는 사람 모양 아이콘 클릭

4. 의상 묘사 프롬프트 입력 [--cw 값은 99일 때 가장 비슷하게 나옴 (하단 예시 참조)]

5-1. Edit 탭에서 편집 툴 세부 조절

5-2. 수정 범위 선택

6. 생성

의상 프롬프트 미 입력   의상 프롬프트 입력 + cw 0   의상 프롬프트 입력 + cw 99

ComfyUI 의상 변경 워크플로우 사용

ComfyUI는 사용방법은 어려우나 의상 적용력이 뛰어납니다.

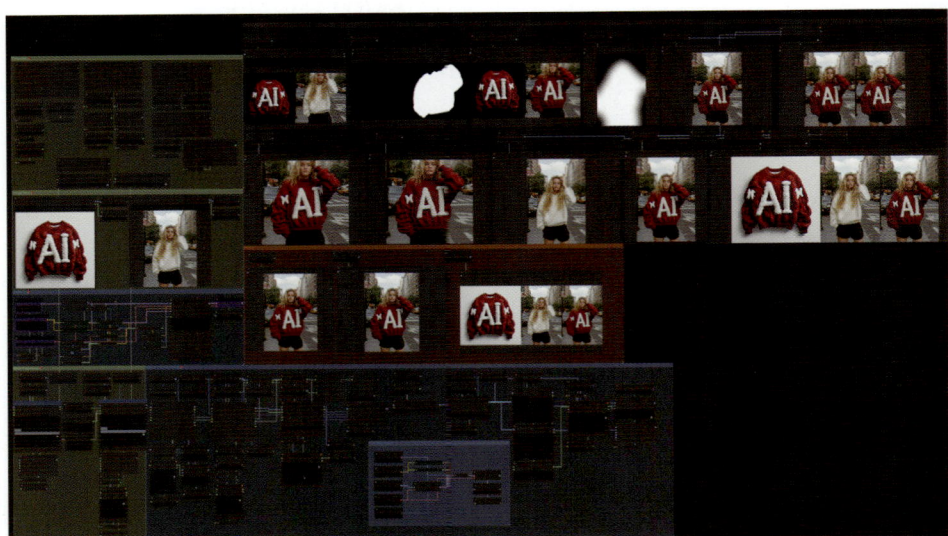

의상 변경 워크플로우

결과물

Kling AI outfit 플랫폼 이용

Kling AI outfit 플랫폼는 사용이 쉽고 적용력도 좋은 편입니다.

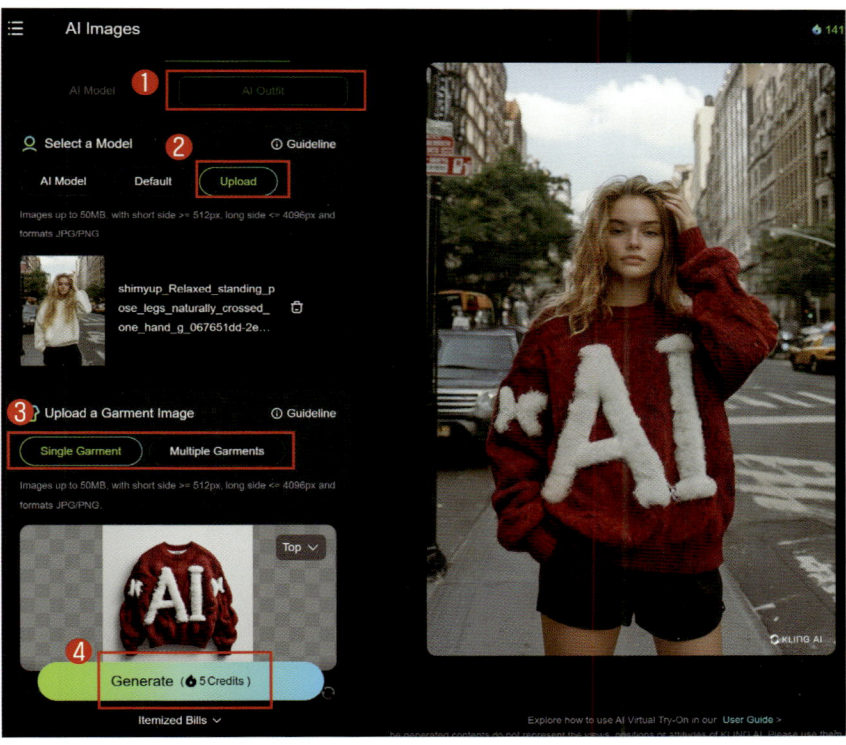

1. AI Images 선택 후 - AI Outfit 탭 선택
2. 모델 사진 Upload
3. 싱글 또는 멀티 의상 선택 후 의상 이미지 업로드
4. 이미지 생성

이외에도 다양한 VTON(Virtual Try-On) 관련 플랫폼과 의상 착장 기술이 계속해서 발전하고 있어, 조만간 현재보다 더욱 정교하고 자연스러운 모델과 의상 합성이 가능해질 것으로 예상됩니다. 다만 현재는 이 기술에 대해 잘 모르는 브랜드들도 많으며, 이러한 영상 제작을 감각적으로 다룰 수 있는 전문 제작자가 많지 않기 때문에 시장성이 충분한 분야로 보입니다.

모델에게 AI로 의상을 입힌 이미지가 생성되었다면, 이제 이를 영상으로 변환하는 단계로 넘어가야 합니다. 이때 어떠한 움직임을 줄 것인지 본인만의 센스를 발휘하여 연출하는 것도 중요한 경쟁력이 될 수 있습니다.

영상 결과물 (영상 프롬프트 : A man walking on the runway stage)

현재 Kling과 Pika에서 제공하는 Elements 및 Pikascenes 기능이 가장 널리 사용되고 있습니다.

이 기능은 Kling 또는 Pika에서 제공하는 여러 이미지를 업로드하면 자동으로 하나의 영상으로 제작해 주는 방식으로, 간단하게 영상을 만들 수 있다는 장점이 있습니다.

앞서 설명한 방식 대신 이 기능을 활용하는 것도 좋은 방법이 될 수 있습니다. 다만, 동작이 많거나 인물이 멀리 배치된 경우, 인물과 의상의 일관성이 유지되지 않는 등 해상력 측면에서는 다소 아쉬운 부분이 남아 있습니다.

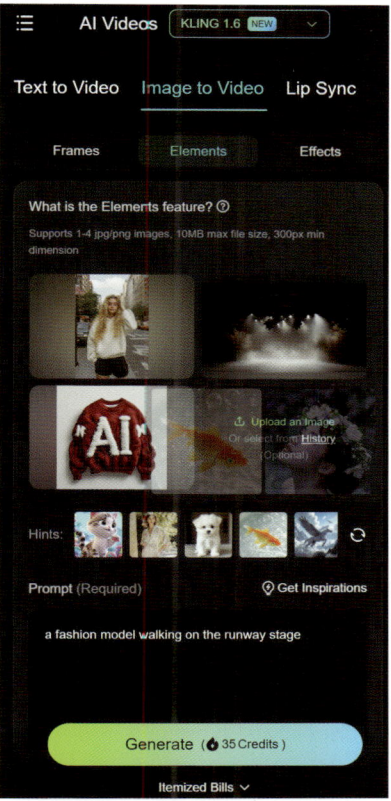

Kling elements 입력창과 결과물 예시

2. 사진으로 영상 만들기

패션 이미지를 영상으로 변환하는 시장 외에도, 사진 1~2장만으로 강한 스토리텔링을 담은 영상을 제작하여 수익화로 전환하는 사람들이 점차 늘어나고 있습니다. 하지만, 단순히 이미지를 영상으로 변환하는 것은 기술적으로 어렵지 않기 때문에, 본인만의 창의성과 차별성을 더하는 것이 중요합니다.

이를 위해 AI 이미지 생성 툴을 활용해서 원본 사진을 다양한 각도로 변형하거나, 배경을 확장하여 새로운 분위기로 연출하는 방법을 고려해볼 수 있습니다. 예를 들어, 웨딩 사진 한 장을 AI를 이용해 화사한 정원이나 몽환적인 숲으로 배경을 교체한 후 슬라이드 효과나 줌 인/아웃 효과를 적용해 더욱 다채로운 연출을 시도할 수 있습니다.

또한, 사진 속 인물의 감정이나 순간을 텍스트로 표현하거나, TTS(음성 합성)를 이용해 감성적인 내레이션을 추가하면 더욱 공감대를 형성할 수 있습니다. 짧은 30초~1분 분량으로 제작하더라도 피아노 반주나 스윙 재즈 같은 분위기 있는 음악을 배경에 깔아주면 몰입도가 더욱 높아집니다. 더불어, 페이드 인/아웃, 디졸브 등의 화면 전환 효과를 활용하면, 단 두 장의 사진만으로도 더욱 풍부한 연출을 경험할 수 있습니다.

이처럼 단순한 슬라이드 쇼 방식에서 벗어나 보다 완성도 높은 영상을 제작하면, 소중한 추억을 간직하고 싶은 개인 고객이나 SNS에서 감성적인 스토리텔링 콘텐츠가 필요한 소규모 업체들에게도 유용한 서비스가 될 수 있습니다.

이러한 다양한 방식 중 특히 두 장의 개별 사진으로 스토리 있는 영상을 제작하는 방법이 최근 많이 사용되고 있습니다. 그중에서도 동일한 인물의 나이가 다른 이미지를 생성하여 이를 활용하는 영상 콘텐츠가 현재 트렌드로 자리 잡고 있습니다.

우선, 동일한 인물의 나이만 변화시키는 방법은 미드저니를 활용하여 어린 시절 모습을 먼저 생성하는 것입니다. 이후 생성된 이미지 중 하나를 선택한 뒤, Discord에서는 'Vary (Subtle)'(설정에서 Remix 모드 활성화 필수) 또는 웹에서는 'Remix (Subtle)'을 클릭합니다. 그러면 나타나는 프롬프트 창에서 나이 관련 부분만 변경하고 나머지 프롬프트는 그대로 유지한 후 재생성하면 동일한 인물의 얼굴에서 나이만 변화한 이미지가 생성됩니다.

어린 모습 생성 프롬프트

a young boy look at the camera in the 1900 retro village, old bw photography, 32k --ar 1:1 --s 250

나이든 모습 생성 프롬프트

a 80 years old man look at the camera in the 1900 retro village, old bw photography, 32k --ar 1:1 --s 250

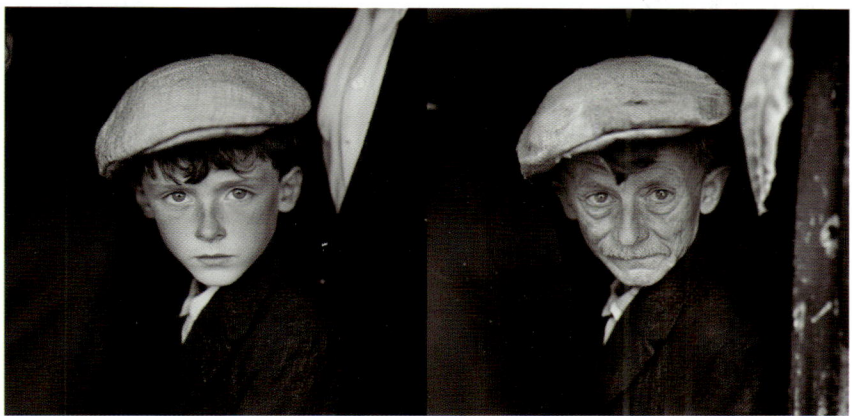

프롬프트를 이용한 나이 변경 이미지 예시

또 다른 방법으로는 어린 시절 모습을 먼저 생성한 뒤, 이를 캐릭터 참고 이미지(CREF 또는 Image Prompt)로 활용하여 새로운 프롬프트에 나이 든 모습을 적용해 생성하는 방식이 있습니다.

이렇게 만든 이미지는 배경과 의상이 자연스럽게 변화하며, 다양한 상황을 연출할 수 있습니다. 다만, 위 방법처럼 얼굴의 나이만 완벽하게 변경되지는 않으며, 기존 특징을 유지한 채 비슷한 분위기의 얼굴로 생성되는 경우가 많습니다.

이미지 생성 프롬프트

[Image url] A 80 years old man look at the camera in the 2030 futural city, color photography, 32k --ar 1:1 --s 250

Image를 이용한 나이 변경 이미지 예시

그리고 영상 생성 시 동작을 자연스럽게 만들기 위해서는 충분한 여유 공간을 확보하는 것이 중요합니다. 미드저니의 Zoom 기능을 활용하여 이미지를 확장해 둡니다. 최종적으로 편집 툴(포토샵 또는 기타 앱)을 사용해 두 인물의 신체 비율을 유사하게 조정한 뒤, 하나의 이미지로 합쳐줍니다.
(이미지 제작 시 1:1 비율로 생성하면, 이후 하나의 이미지로 합칠 때 더욱 수월합니다.)

이미지 사이즈 확장 및 1장으로 변경한 이미지

동작 프롬프트는 간단하게 작성하거나 복잡하게 진행해도 모두 가능하지만 이미지 영상화 변환 서비스를 통한 수익화로 만들기 위해서는 몇 가지 동작들을 정해놓는 것이 좋습니다.

영상 제작 프롬프트

Hug each other / Fight

프롬프트가 적용된 영상 예시

앞에서 설명한 영상을 생성하는 방식을 응용하면 다양한 이미지들을 영상화 시킬 수 있습니다. 이러한 방법은 기술적으로는 어려운 부분이 아니지만 어떠한 스토리를 접목시킨 서비스를 제공하는지에 따라서 다양한 결과를 만들어 낼 수 있기에 잘 활용한다면 좋은 수익화 모델로 연결될 가능성이 높은 시장입니다.

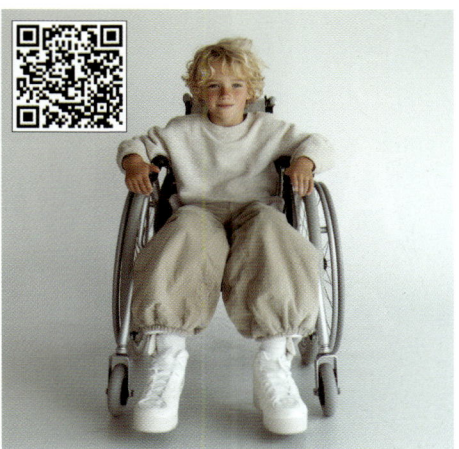

이미지를 영상화 한 영상 예시들

5. AI 영상 제작 실전 팁

1. 데이터를 못 다루면
AI는 잉크 없는 펜일 뿐

　AI 영상 제작에서 가장 중요한 요소 중 하나는 풍부한 레퍼런스(데이터)를 효과적으로 활용하는 것입니다. 자신만의 아이디어가 충분히 많다면 좋겠지만, 레퍼런스 이미지나 영상을 참고하면 아이디어를 더욱 구체화하고 효율적으로 발전시킬 수 있습니다. 예를 들어 "동작 포즈"나 "상황" 등을 미리 정리해두면, 프롬프트 작성 시간이 크게 단축됩니다.

　현재는 단일 AI 플랫폼만으로 완벽한 이미지와 영상을 원하는 대로 제작하는 것이 어렵습니다. 따라서 이미지 생성은 미드저니, 영상 합성은 Runway, 최종 루프 영상은 Luma, 편집은 캡컷에서 마무리하는 식으로 각 작업 단계에 최적화된 플랫폼을 활용해야 제작 효율을 높일 수 있습니다.

　단, AI 플랫폼마다 사용료가 다르므로, 처음부터 모든 연간 구독을 진행하면 제작비 부담이 커질 수 있습니다. 따라서 프로젝트 성격에 따라 단기 · 장기 요금 플랜을 신중히 검토하고, 여러 플랫폼을 조합해 사용하면서 적절한 제작 비용을 유지하는 것이 중요합니다. 이러한 이유로 각 플랫폼의 장단점을 분석한 후 본인에게 가장 적합한 도구를 선택하는 것이 필요합니다.

1. AI 이미지 생성 플랫폼 - 이미지가 좋아야 영상도 좋다.

앞서 수차례 강조했던 것처럼, 영상의 품질은 결국 이미지 소스에 크게 좌우되며, 어떤 이미지 생성 플랫폼을 사용하는지가 매우 중요한 요소가 됩니다. 현재 가장 많이 사용되는 몇 가지 AI 이미지 생성 플랫폼의 특징을 살펴보겠습니다.

미드저니(Midjourney)는 AI 이미지 생성 분야를 선도하는 플랫폼으로, 초기에는 디스코드(Discord) 기반으로만 서비스가 제공되었으나, 현재는 독립적인 웹 브라우저 환경에서도 다양한 기능을 지원하며 발전해 왔습니다. 이 플랫폼은 프롬프트 기반으로 이미지를 생성하며, 단순한 텍스트 입력만으로도 고퀄리티의 이미지를 만들 수 있어 초보자도 쉽게 접근할 수 있습니다.

미드저니가 제공하는 아트적인 감각과 높은 퀄리티의 이미지는 사용자들에게 큰 인기를 끄는 핵심 요인입니다. 새롭게 바뀐 웹 플랫폼을 통해 이미지 확장, 리텍스처링, 패치워크 등의 지속적인 기능 업데이트를 제공하면서, 사용자의 이탈을 막고 더 나은 퀄리티의 이미지를 생성할 수 있도록 지원하고 있습니다. 그러나 아직까지 인물의 세밀한 동작이나 특정 디테일 (예: 손가락, 표정 등)의 정밀한 제어가 어렵다는 점이 단점으로 지적됩니다. 또한, 실제 인물의 얼굴이나 특정 제품을 합성할 때 원본과의 일관성이 다소 떨어지는 점도 아쉬운 부분입니다. (예: VTON 적용 시 원본 의상과의 자연스러운 합성이 어렵거나 얼굴이 달라지는 현상 등)

스테이블 디퓨전(Stable Diffusion, 이하 SD)은 미드저니와는 확연히 다른 방식의 프로그램입니다. 기본적으로 웹 기반의 A1111(WebUI)이나, 로컬 컴퓨터에서 노드 형식으로 운영되는 ComfyUI 두 가지 방식으로 사용됩니다. 최근에는 Krea, Nordy, ComfyUI.org 등의 웹 플랫폼을 통해서도 활용할 수 있게 되었고, 맥OS에서도 사용이 가능합니다.

SD의 ComfyUI는 로컬 기반 프로그램으로, 한 번 설치하면 무료로 사용할 수 있으며, 구독제가 없어 운영 비용이 적게 든다는 장점이 있습니다. 로컬에서 실행되므로 보안성이 높아, 보안이 중요한 기업에서도 많이 활용되는 프로그램입니다.

ComfyUI는 다양한 체크포인트(모델), LoRA, 커스텀 노드등을 통해 이미지를 생성하는 방법을 무한하게 컨트롤 하여 제작 할 수 있습니다. 그리고, 미세한 수치 조절을 통해서 세밀한 이미지 조정이 가능하고 일부 프롬프트나 노드를 변형을 하여 재 생성을 하여도 원본에 가까운

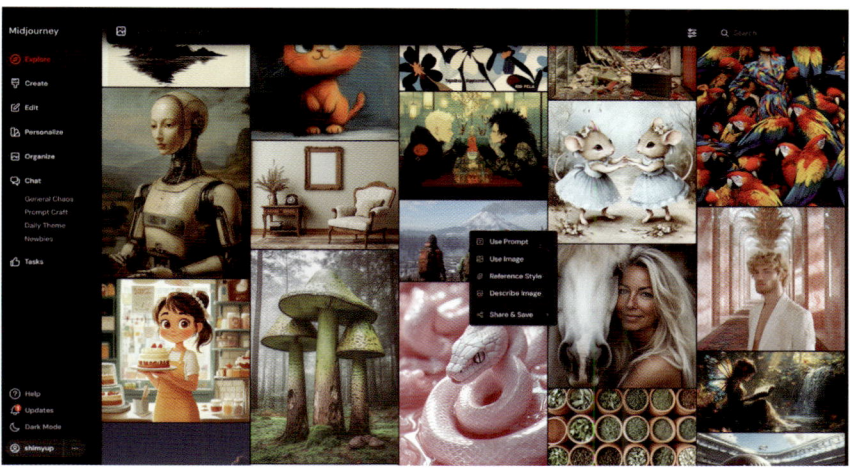
미드저니 웹 홈페이지

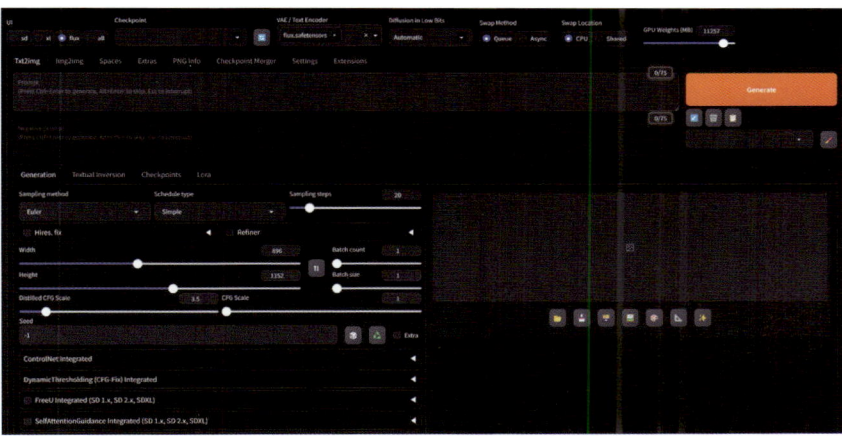
스테이블 디퓨전 WebUI

Comfyui 화면

일관성 있는 이미지를 생성해준다는 장점이 있습니다. 다만, 로컬에서 운영되기 때문에 PC 사양, 특히 그래픽 카드의 성능에 따라 생성 속도와 이미지 퀄리티가 달라집니다. 이로 인해 고성능 그래픽 카드가 필요합니다.

또한 ComfyUI는 노드 기반으로 작동하기 때문에 설치부터 이미지 생성 워크플로우 구성까지 과정이 복잡해 진입 장벽이 높은 편이고 그렇기에 많은 사용자가 어려움을 느끼는 이미지 생성 프로그램입니다. 그러나 자신이 컴퓨터 세팅(GPU 등)에 투자할 의향이 있고, 이미지 생성에 높은 자유도를 원하면서 보안까지 신경을 써야 한다면 최적의 프로그램입니다.

구글에서 제공하는 AI 이미지 생성 플랫폼인 IMAGE FX는 사실적인 이미지 생성에 특화된 플랫폼입니다. 2025년 3월 현재, 무료로 이용할 수 있으며, 직관적인 인터페이스 덕분에 사용하기 편리합니다. 특히, 타 플랫폼과 달리 한국과 관련된 사실적인 이미지를 생성하는 데 매우 뛰어나 이 분야에서는 최고의 이미지 생성 도구 중 하나로 평가받고 있습니다.

다만, 미드저니처럼 예술적인 이미지 생성이나 편집 기능은 제공되지 않으며, 생성 가이드라인이 엄격하게 적용되어 특정 이미지의 생성이 제한되는 경우가 많습니다. 이미지 확장이나 리터칭 기능이 제한적으로 제공되기 때문에 보다 심화된 아트워크를 필요로 하는 제작자들에게는 한계가 존재하는 플랫폼이라 할 수 있습니다.

Imagefx 화면

Imagefx 생성 이미지 예시

Runway에서 출시한 이미지 생성 기능인 FRAMES는 Runway의 동영상 생성 스타일에 최적화된 시네마틱한 이미지를 만드는 데 강점이 있습니다. Runway와 연동하여 영상 제작을 진행하는 사용자에게 매우 편리한 도구로 작용하며, 직관적인 인터페이스 덕분에 사용자가 원하는 스타일을 쉽게 적용하여 영상용 이미지를 빠르게 생성할 수 있습니다.

다만, 이미지 생성 요금이 높은 편이며, 무제한 요금제를 이용하는 고객만 사용할 수 있어 전문가나 기업 고객 위주로 활용되는 기능입니다. 이러한 요금 구조로 인해, 취미나 개인 작업 용도로 사용하기에는 다소 부담이 될 수 있다는 아쉬움이 있습니다.

Runway Frames 화면

KOLORS 역시 앞서 언급한 Runway의 FRAMES처럼, 동영상 플랫폼인 Kling에서 제공하는 이미지 생성 기능 중 하나입니다. Kolors를 활용하여 이미지를 생성할 때, 레퍼런스를 업로드하면 인물의 일관성을 상당히 높게 유지할 수 있다는 강점이 있습니다.

사전에 생성된 AI 모델이 제공되며, AI 아웃핏(vTON) 적용력도 뛰어난 편입니다. Kling 계정을 보유하고 있다면 별도의 가입 없이 바로 사용할 수 있으며, UI도 비교적 직관적이라 빠른 작업이 가능합니다. 다만, 아직 대중적으로 널리 알려지지 않아 사용자 커뮤니티와 관련 자료가 부족한 편이며, 미드저니만큼 예술적인 0 미지 생성에는 한계가 있습니다. 또한, 이미지 생성 시 크레딧이 소모되므로, 비용 부담이 크지는 않지만 이에 대한 고려가 필요합니다.

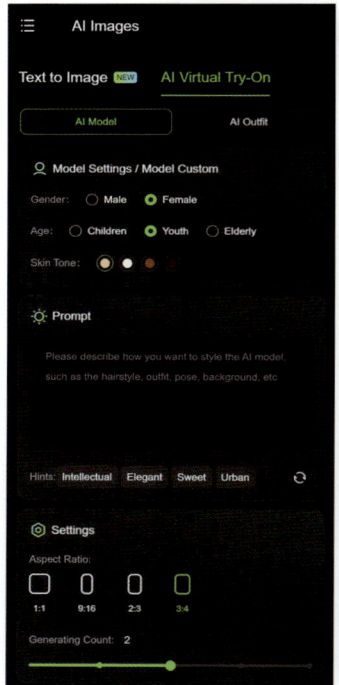

Kling-Kolors 화면과 생성 이미지

Whisk는 구글이 개발한 이미지 생성 플랫폼으로, 여러 사진을 결합하는 기능을 기본적으로 제공합니다. 이미지 간의 일정한 일관성을 유지하면서 생성할 수 있어 점점 많은 관심을 받고 있으며, 현재 무료로 이용할 수 있다는 점이 큰 장점입니다. 다만, 미드저니처럼 예술적인 이미지 생성 능력이 부족한 점은 아쉬운 부분입니다.

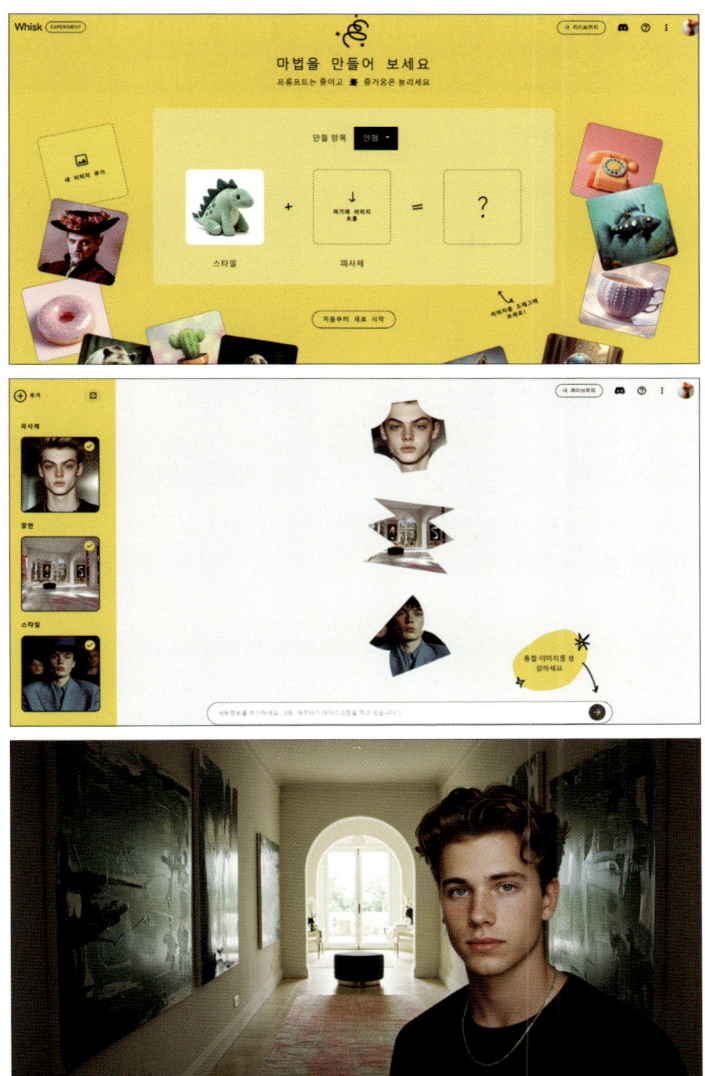

Whisk 화면과 생성 이미지

이외에도 Ideogram, Leonardo와 같은 이미지 생성 플랫폼뿐만 아니라 Freepik, Krea 같은 멀티 플랫폼에서도 다양한 방식으로 이미지를 제작할 수 있습니다. 각 플랫폼마다 기술적 특성과 요금제가 다르므로, 원하는 이미지 스타일과 예산에 맞춰 적절히 활용하는 것이 효과적입니다.

2. AI 동영상 생성 플랫폼 - 런웨이(Runway)/클링(Kling)/하이루오(Hailuo) - 원하는 영상 스타일이 명확해야 플랫폼 선택도 쉬워진다.

이미지가 잘 생성되었다고 하더라도, 어떤 스타일과 장르의 영상으로 제작할지에 따라 적절한 AI 영상 플랫폼을 선택하거나, 여러 플랫폼을 혼합해 사용하는 것이 중요합니다. 따라서 각 플랫폼의 특색을 살펴보고 직접 활용해보는 과정은 필수적인 단계입니다.

Runway는 텍스트 기반(T2V), 이미지 기반(I2V), 동영상 기반(V2V) 방식을 모두 지원하는 AI 영상 플랫폼으로, 특히 '광고 스타일' 영상 제작에 강점이 있습니다. T2V 기능은 앞서 살펴본 바와 같이 아직 아쉬운 점이 있지만, 미드저니 등에서 생성한 이미지를 업로드해 해당 인물이나 배경에 움직임을 부여하는 I2V 기능은 업로드한 이미지의 일관성을 높게 유지해줍니다. 다만, 대상에게 자연스럽고 다채로운 움직임을 적용하기에는 한계가 있습니다. 그러나 원본 이미지의 표현이 중요한 경우, 예를 들어 제품의 글씨나 재질 등 디테일이 강조되는 영상 제작에는 매우 적합한 플랫폼입니다.

또한 기존 영상을 활용해 전혀 다른 스타일의 영상으로 변환하는 V2V 기능도 제공합니다. 예를 들어, "이 영상을 좀비 스타일로 변환해줘", "레고 마을처럼 만들어줘" 등의 요청을 통해 스타일 변환이 가능하며, 최근에는 원하는 레퍼런스 이미지 스타일로 변형할 수 있도록 더욱 업그레이드되었습니다.

Runway는 빠른 생성 속도와 카메라·인물의 움직임을 자연스럽게 표현하는 TURBO 모델을 제공하지만, 화질이 다소 저하될 수 있습니다. 반면 원본 이미지의 디테일을 잘 유지하는 ALPHA 모드도 있는데, 다만 전체적으로 생성되는 영상이 슬로우 모션처럼 느리게 표현되는 한계가 있습니다.

따라서 TURBO 모드는 짧고 역동적인 예고편 영상에 적합하고, ALPHA 모드는 클로즈업 제품 영상처럼 디테일한 정적 장면에 적합합니다. 개인적으로 Runway의 가장 큰 장점 중 하나는 영상의 베이스가 되는 이미지를 생성할 때 원하는 움직임을 미리 반영하면, 영상 생성 시 별도의 프롬프트 없이도 의도한 동작대로 자동 영상화된다는 점입니다.

이 기능은 사용자 편의성을 크게 높여주며, 초보자나 빠르게 작업을 진행해야 하는 크리에이터들에게 매우 매력적인 요소가 될 수 있습니다.

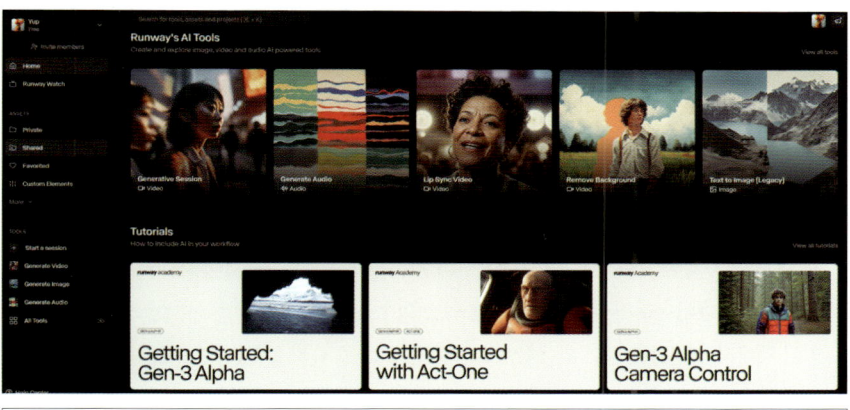

Runway 홈페이지 화면 및 구독제

Kling은 과거 모션 브러쉬 기능으로 이미지에 직접 움직임을 추가할 수 있어 주목을 받았으나, 초기 퀄리티 문제로 인해 한동안 관심이 줄어든 시기가 있었습니다. 하지만 최근 1.6 버전 업그레이드를 통해 이미지 품질과 동작 표현이 크게 개선되면서 다시금 각광받고 있습니다.

특히, Kolors 기능이 업그레이드되면서 이미지 생성 플랫폼으로써의 가능성도 인정받고 있으며, 현실감 있고 일관성이 뛰어난 이미지를 생성하는 데 높은 평가를 받고 있습니다. 뮤직 비디오처럼 다채로운 동작이 포함되거나 광고 영상처럼 빠른 장면 전환이 필요한 경우, Kling의 물리적 움직임 표현이 자연스럽다는 강점이 있습니다. 예전보다 모션브러쉬의 퀄리티도 상당히 개선되어, 영상에서 인물 동작을 보다 섬세하게 잡을 수 있게 되었습니다. 물리적으로 옷자락이 흔들리거나, 머리카락이 살짝 날리는 효과 등을 표현하기 좋아서 감성적 뮤직비디오 제작에 강점이 있습니다.

Kling 플랫폼은 내부적으로 TTS(텍스트 음성 변환) 기능을 지원하여, 음성을 생성하고 립싱크까지 적용할 수 있는 시스템을 구축했습니다. 이를 통해 이미지 생성부터 동영상 제작, 음성 생성, 립싱크 적용까지 한 번에 연계하여 작업할 수 있어, 사용자의 편의성이 높아지고 플랫폼 이탈을 최소화하는 효과를 거두고 있습니다. 이러한 통합 기능 덕분에 현재 Kling은 AI 영상 제작자들이 가장 많이 활용하는 플랫폼 중 하나로 자리 잡았습니다.

다만, 무제한 영상 생성 플랜을 지원하지 않는다는 점이 단점입니다. 현재 가장 고가의 플랜은 월 100달러에 8000포인트(약 400개 영상 생성 가능)를 제공하는 방식이며, 최근까지 제공되던 무료 크레딧 지급 정책도 중단되었습니다. 이로 인해 대량의 영상을 생성해야 하는 제작자들에게는 크레딧 제한이 부담이 될 수 있으며, 지속적으로 콘텐츠를 생산해야 하는 경우 비용적 압박이 커지는 요소로 작용할 수 있습니다.

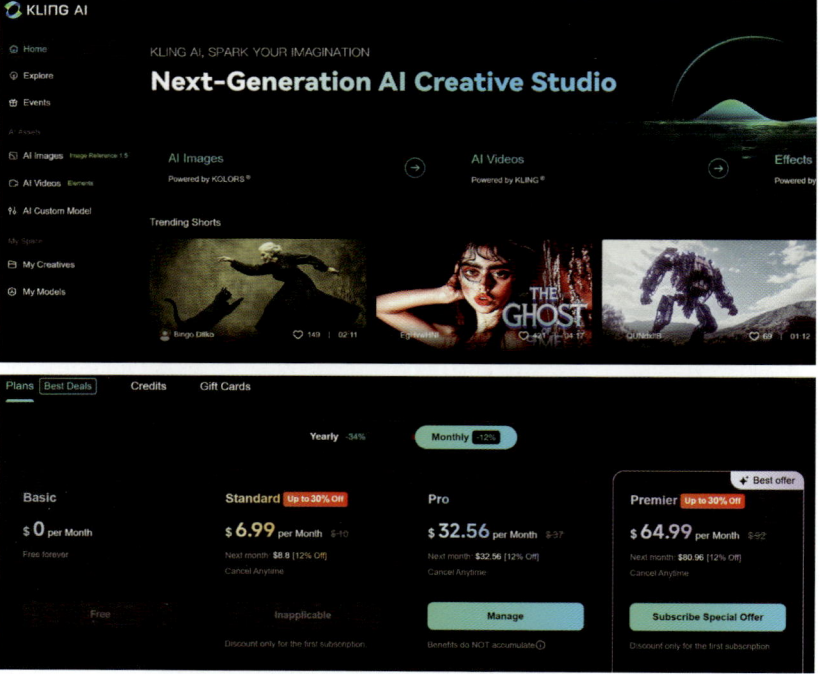

Kling AI 홈페이지 화면 및 구독제

Hailuo(하이루오)는 앞선 두 플랫폼보다 가장 늦게 등장했지만, 고퀄리티 영상, 현실적인 카메라 무빙, 정교한 동작 표현으로 빠르게 주목받고 있는 AI 영상 제작 플랫폼입니다. 특히 2D 일러스트를 보다 자연스러운 동작으로 변환해 애니메이션을 제작하는 데 활용도가 높아지면서, 많은 사용자들의 관심을 끌고 있습니다.

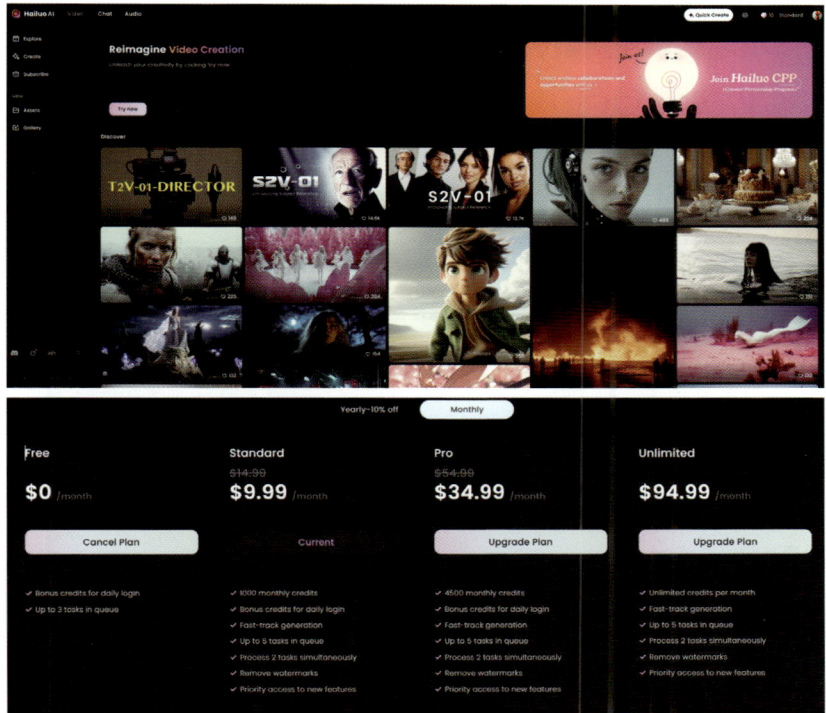

Hailuo 홈페이지 화면과 구독제

인물 사진 한 장만으로도 얼굴의 일관성을 유지하면서 움직이는 영상을 생성할 수 있는 S2V 기능이 추가되면서, 각종 SNS에서 화제가 되고 있으며 점점 더 많이 활용되고 있습니다. 무엇보다도 Hailuo의 가장 큰 강점은, T2V 프롬프트 형식을 일반적인 명령어 입력 방식이 아닌 시나리오 형식으로 서술하는 방식을 권장하고 있다는 점입니다. 이를 통해 보다 자연스럽고 세밀한 영상 제작이 가능하며, 창작자의 의도를 보다 효과적으로 반영할 수 있습니다.

예를 들어 "The camera looks down on a moonlit forest clearing. The camera rotates around a female warrior in silver armor holding a longsword, after which the camera drops down to capture the side of the female warrior, who has blood on her longsword. The camera continues to circle, sliding past the side and gradually pulling in closer to capture the side of the warrior woman's face, after which the camera wraps around to her front, with the focus gradually settling on a close-up of her face." 처럼 입력해도 프롬프트를 충실하게 잘 표현해 줍니다.

특히, 다른 플랫폼보다 다단계 카메라 무빙과 캐릭터 동작을 구현하기가 훨씬 쉬워졌으며, 업그레이드 이후에는 카메라 효과를 예제 영상을 보며 클릭 한 번으로 간편하게 적용할 수 있도록 개선되었습니다. 또한, 최고 사양의 구독제를 이용하면 무제한 생성이 가능하다는 큰 장점이 있어, 복잡한 움직임을 필요로 하거나 다양한 시퀀스를 반복 테스트하고자 하는 사용자들에게 매우 매력적인 선택지가 되고 있습니다. 다만, 일부 영상에서 뭉개짐(Blurring) 현상이 발생하는 등 퀄리티적인 이슈가 여전히 존재하고 있으며, 영상 해상도가 1920이 아닌 1280으로 제한된다는 점은 여전히 아쉬운 부분입니다.

현재 가장 활발하게 업데이트를 진행하는 피카(Pika)는 다양한 VFX 효과를 적용하여 독창적인 광고 영상을 제작하기에 적합한 AI 플랫폼입니다. 별도의 프롬프트 입력 없이도 플랫폼 자체적으로 수십 개의 원클릭 VFX 이펙트(작성일 기준)를 지원하고 있어, 초보자도 손쉽게 시각적 임팩트를 얻을 수 있다는 장점이 있습니다.

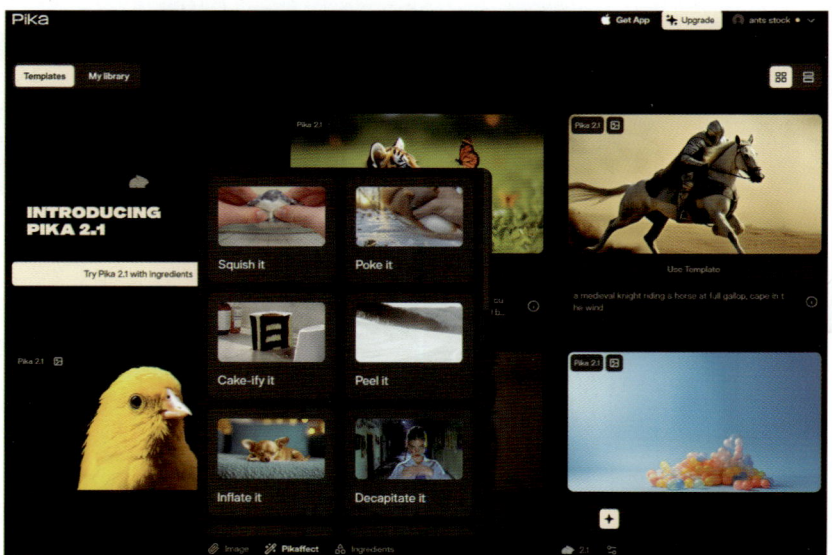

Pika 홈화면과 Effect 화면

Pika Effect 결과물 영상 예시

피카에서 제공하고 있는 캐릭터, 의상(또는 물체), 장소 등 복수의 이미지를 넣으면, 별도 프롬프트 없이도 AI가 알아서 합성을 하여 영상으로 만들어주는 편리한 기능도 제공하고 있습니다. 이러한 부분을 잘 활용하면 광고주가 "제품 이미지", "모델 사진", "배경"만 제공하면, 간단하게 영상 제작이 가능해졌고, 일관성 부분도 상당히 높습니다. 하지만 아직까지는 완벽하게 상업적으로 사용하기에는 아쉬운 부분도 있지만, 업데이트로 해결될 것으로 예상됩니다.

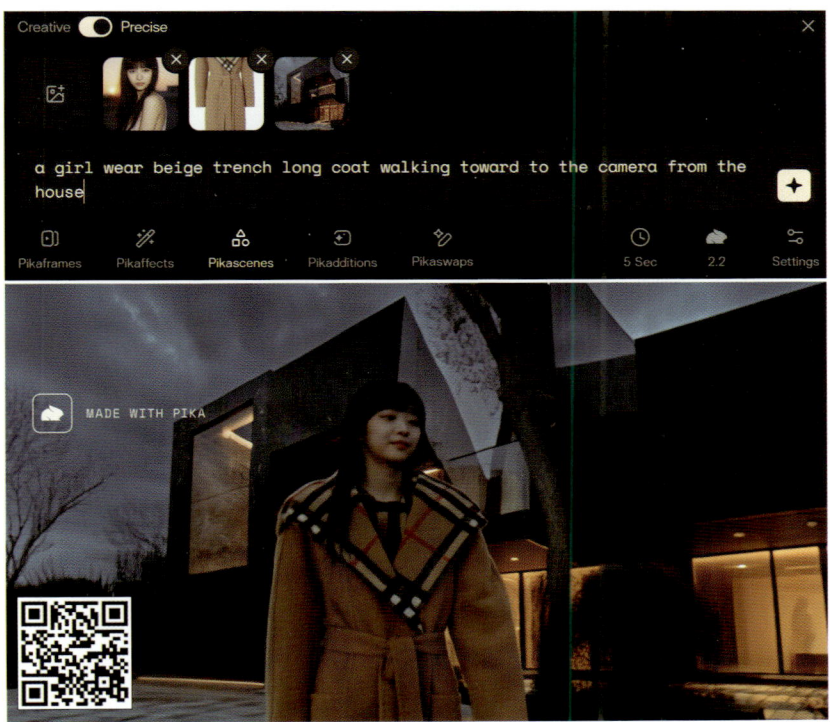

Pika Scenes 화면과 결과물 영상 예시

다른 기능으로는 실제로 촬영된 영상이나 생성된 영상에 가상의 대상을 합성을 하는 기능을 제공합니다. 존재하지 않는 대상을 활용해서 실제 촬영본과의 조합으로 현실적이면서도 독특한 영상 제작이 고비용의 합성 촬영이 없이도 가능해졌습니다.

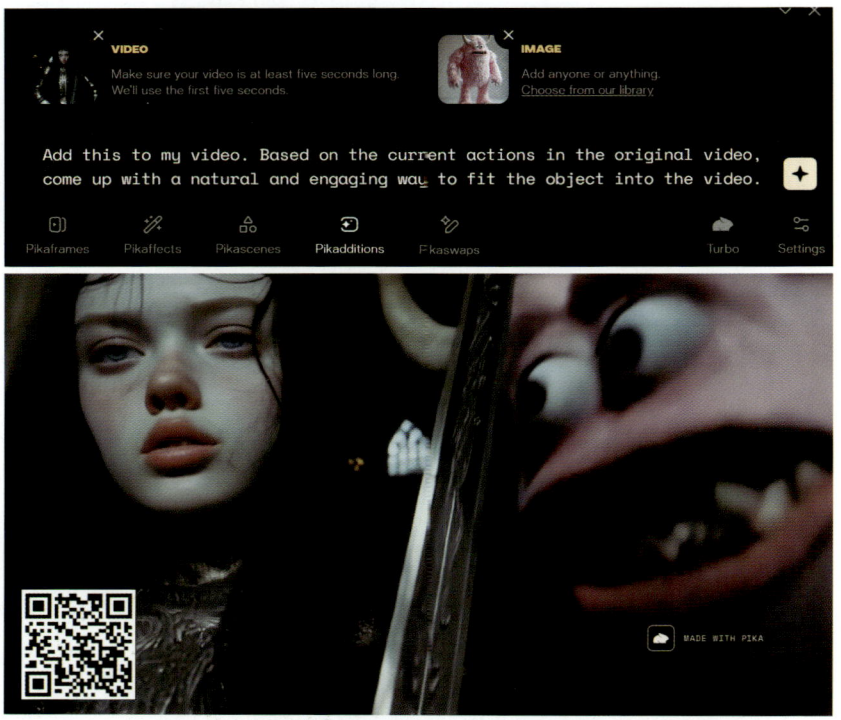

Pika Addition 화면과 결과물 영상 예시

그 외에도 다른 플랫폼들도 제공하는 기능인 Keyframe을 이용하여 영상을 제작할 수 있게 되었습니다. 예전에는 1280 사이즈였지만 이저 는 1920 사이즈의 고해상도로 영상 제작 가능해졌습니다. 광고·홍보 등 프로 작업에도 활용도가 높아졌으나 새로운 기능들은 아직 해상력 문제가 있어서 재미 용도로만 사용되고 있습니다.

최근 Pika에서 독보적인 기능이 업데이트되면서 다시 한번 시장이 들썩이고 있습니다. 이번 업데이트를 통해, 실제 촬영된 영상이나 AI로 생성된 영상에서 특정 부분만 선택하여 합성할 수 있는 기능이 추가되었습니다. 기존의 VFX 합성 기술 없이도, 런웨이(Runway)의 V2V처럼 전체 스타일을 바꾸는 방식이 아니라 원하는 부분만 수정하거나 추가하는 작업이 가능해졌습니다.

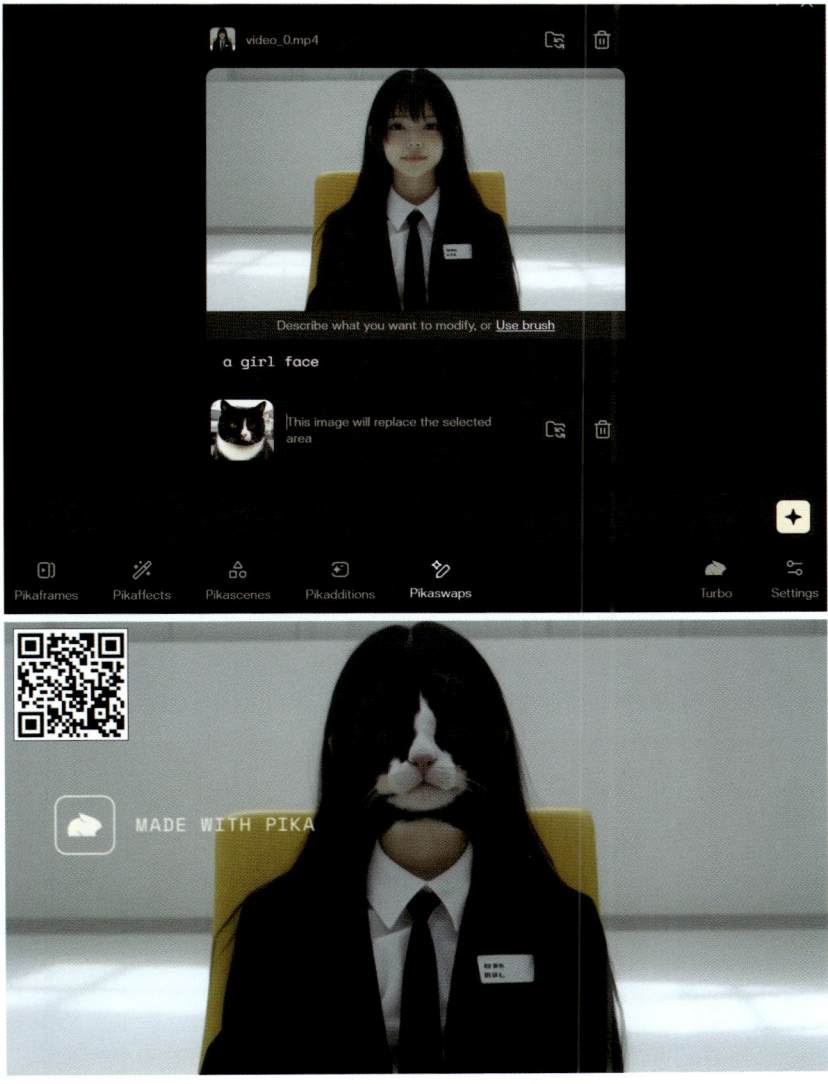

Pika Swap 화면과 결과물 영상 예시

이렇듯 많은 기능들이 있지만 타플랫폼들이 유료로 구독할 때 워터마크를 삭제해주는데 비해, 35불이상의 비싼 구독제를 사용해야만 워터마크와 상업적 이용이 가능하게 되어있습니다. 또한 최상의 구독 요금제에서도 무한 생성이 가능한 플랜이 없고 화질 개선이 상당부분 되었으나 아직도 화면의 일관성이나 유지력이 약하여 상업적 이용에는 한계가 있다는 단점들도 존재하고 있습니다.

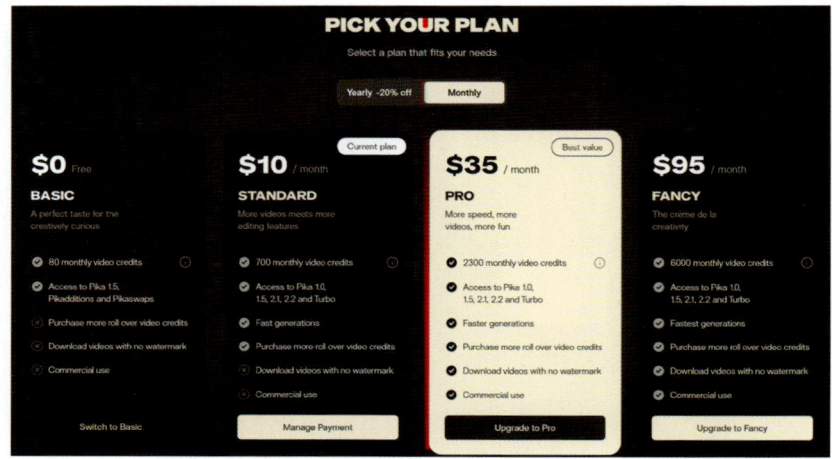

Pika 구독제

이러한 영상 플랫폼 외에도 수많은 AI 플랫폼이 존재하며, 지속적으로 업데이트가 이루어지고 있습니다. 과거에는 많은 사용자들에게 주목받았지만, 기대에 미치지 못하는 결과물로 인해 한동안 외면받았던 Luma AI가 최근 업그레이드를 거치면서 다시금 인기를 얻고 있습니다. 특히 실사 영상보다는 애니메이션 스타일의 영상에서 더욱 뛰어난 결과를 보여준다는 평가가 많아, 해당 분야의 제작자들이 점차 Luma AI를 활용하는 사례가 늘어나고 있습니다.

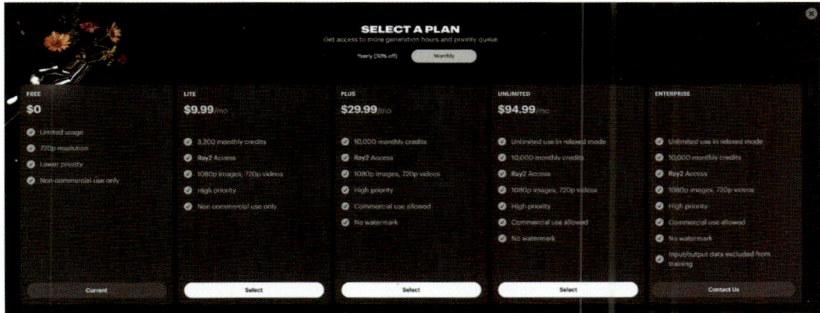

LUMA 홈화면과 구독제

또한, Sora의 샘플 영상이 공개된 이후 기대감이 높아진 상황에서, 최근 VEO2의 사용 후기들이 올라오기 시작하고 있습니다. 초기에는 Freepik 같은 사이트를 통해 일부 사용이 가능했지만, 현재까지는 모든 사용자에게 개방되지 않은 상태입니다.

VEO2의 영상 퀄리티는 상당히 우수하다고 평가되지만, 제작 비용이 상당히 높은 편입니다. 예를 들어, 1시간 분량의 영상 제작 비용이 약 258만 원에 달한다는 보도도 있어, 실제로 많은 사용자가 이를 활용하게 될지는 불확실합니다. VEO2 공식 사이트를 사칭한 가짜 플랫폼이 다수 등장하고 있으므로, 사용 시 각별한 주의가 필요합니다.

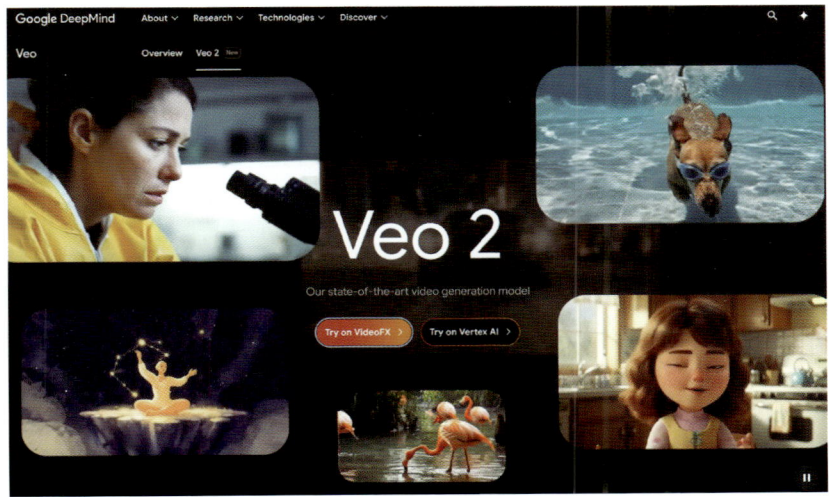

Veo2 홈화면

이러한 단일 영상 플랫폼 외에도 Freepik이나 Krea처럼 AI 이미지·영상 생성, 업스케일링, 디자인 등의 기능을 한곳에 모아 제공하는 멀티 플랫폼들이 늘어나고 있습니다. 처음에는 어떤 플랫폼을 사용해야 할지 감이 오지 않을 수 있으므로, 다양한 서비스를 직접 경험해 보며 자신에게 적합한 도구를 찾는 것이 중요합니다. 이를 통해 불필요한 디지털 구독 비용을 절감할 수 있어 더욱 효율적인 작업 환경을 구축할 수 있습니다.

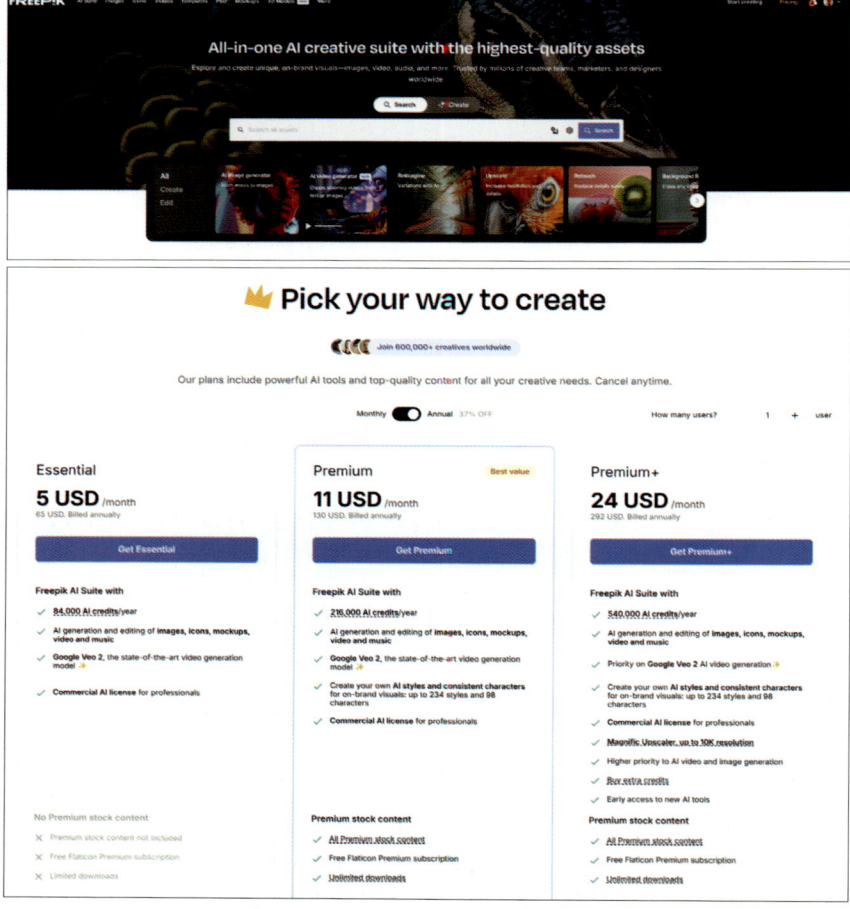

Freepik 홈화면과 구독제

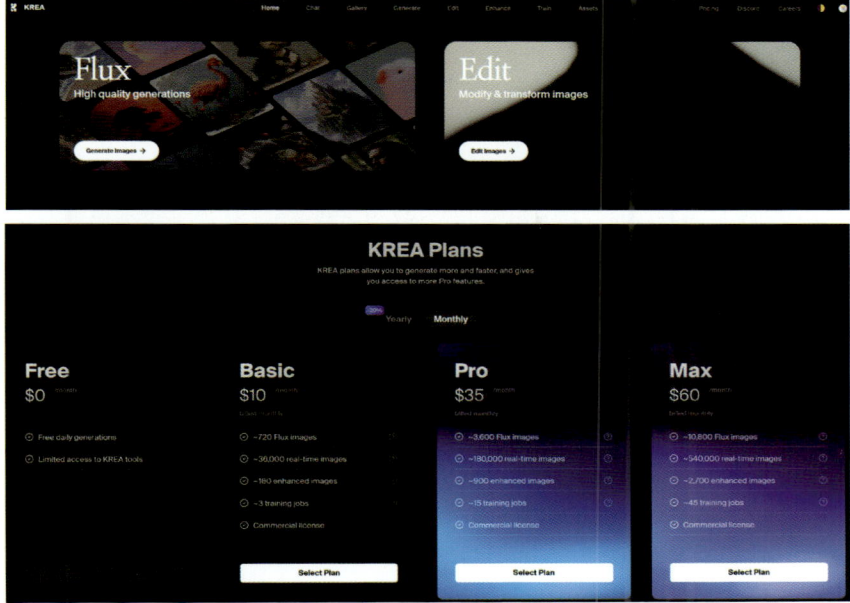

Krea 홈화면과 구독제

3. 올바른 BGM과 효과음 제작 방법, 그리고 이를 통한 영상 분위기 비교

AI 영상에서 음악과 효과음은 전체 분위기를 좌우하는 핵심 요소입니다.
영상의 흐름에 맞춰 적절한 배경음악(BGM)과 사운드 이펙트(SFX)를 배치하면, 시청자의 몰입감을 극대화하고 메시지를 더욱 강조할 수 있습니다. 이 장에서는 Music FX, Suno AI, MMAudio의 특징과 활용 방법을 살펴보겠습니다.

Music FX는 Image FX처럼 직관적인 인터페이스를 갖춘 음악 생성 플랫폼입니다.
사용자가 원하는 장르와 음원 스타일을 랜덤 프롬프트 형태로 제공받고, 이를 선택·변경하여 손쉽게 음원을 제작할 수 있습니다. 복잡한 텍스트 입력 없이도 랜덤 프롬프트 중 마음에 드는 것을 클릭하기만 하면 새로운 음원이 생성되며, 다양한 스타일을 빠르게 탐색할 수 있다는 장점이 있습니다.

음원 제작 경험이 없어도, 단순히 "이 느낌 괜찮은데?"라는 감각적인 판단만으로도 손쉽게 곡을 생성할 수 있습니다. 또한 30~70초 길이의 음원을 생성한 후 반복(loop) 재생하여 자연스럽게 이어 붙일 수 있어, 긴 배경음악이 필요한 경우에도 좋습니다. 별도의 복잡한 편집 과정 없이 자동으로 일정 길이를 반복 재생할 수 있어서, 카페 BGM이나 간단한 애니메이션 영상에도 적합합니다.

무엇보다 아직 공식적인 유료화 모델이 도입되지 않았으며, 현재 베타 버전으로 무료 제공 중이기 때문에 부담 없이 테스트할 수 있습니다. 특히 초보자나 취미 목적으로 활용하기에 적합하며, 비용 부담 없이 간단한 BGM을 빠르게 확보할 수 있다는 점이 장점입니다. 다만, 한 번에 생성되는 음원의 길이가 30초, 50초, 70초 등으로 제한되어 있어 반복 재생 기능을 활용하면 이를 보완할 수는 있지만, 같은 구간이 반복되는 구조이기 때문에 완성도 높은 긴 러닝타임의 곡이 필요한 경우에는 다소 한계가 있을 수 있습니다.

또한, 보이스가 포함된 음원 생성 기능이 미흡하여 보컬 트랙이나 랩과 같은 요소를 기대하기 어렵습니다. 곡의 구조 역시 단순한 반복이 많아, 다채로운 전개를 원하는 제작자들에게는 다소 아쉬운 부분이 될 수 있습니다. 또한, Sunc처럼 다른 제작자들이 생성한 음원 라이브러리를 참고할 수 있는 기능이 없어, 새로운 영감을 얻기 어려운 점도 단점으로 꼽힙니다. 더불어, 완성된 음원들을 비교·분석할 수 있는 커뮤니티 기능도 아직 마련되지 않아, 현재로서는 단순히 생성된 음원의 스타일과 결과물을 간단히 확인하는 정도로 활용하는 것이 적절해 보입니다.

Musicfx 홈페이지 화면 및 설정, 생성 완료 화면

이런 단점들 속에서도 다양한 음악 세션들을 본인이 직접 조절을 하면서 실시간 믹스를 해서 음원으로 만들어 낼 수 있는 DJ기능을 출시하여 보다 전문적인 DJ 관련 및 음악 관련 제작자에게 큰 메리트로 다가오고 있는 플랫폼의 자리를 잡아 가고 있습니다.

Suno는 음원 생성 플랫폼 중 고퀄리티의 음원 생성으로 독보적인 위치를 차지하고 있으며, 사용자 편의성, 다양한 기능, 커뮤니티 요소 등을 제공해 많은 크리에이터가 선호하고 있습니다. 메인 페이지에서 다른 제작자들의 음원을 들어볼 수 있으며, 해당 음원을 복사해 유사 스타일로 재생성도 가능한데 단순 악기만의 곡부터 가사 입력, 본인 목소리 샘플 기반 음원, 기존 음원 샘플을 변형하는 등 다채로운 작곡 옵션을 지원하고 있습니다.

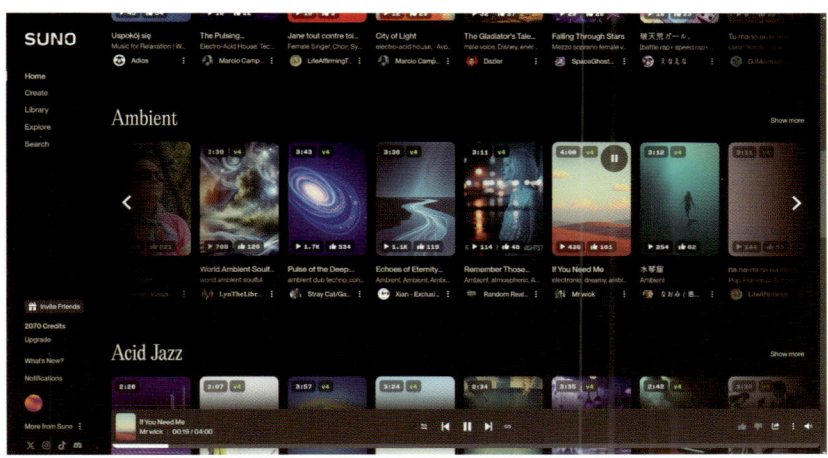

Suno 홈페이지 화면

Remaster, 음원 자르기, 추가 확장 등 후반 작업을 플랫폼 내에서 처리도 가능합니다.
예를 들어 2분짜리 곡을 4분으로 늘리거나, 특정 구간만 편집/재조합해서 음악의 완성도를 높이는 데 도움을 줍니다. 경쟁 플랫폼이 1분 미만으로 제한하는 경우가 많은데, Suno는 4분까지 한 번에 두 곡씩 제작이 가능하고, 반복 재생 루프 없이도 긴 BGM을 만들 수 있어서 뮤직비디오나 장편 영상 BGM으로 활용하기가 매우 좋습니다.

특히, 다른 유저들이 만든 곡을 공개 라이브러리에서 듣고 즉시 프롬프트를 참고할 수 있어서 새로운 아이디어를 얻는 데 큰 도움이 되고 있습니다. 무엇보다 보이스가 들어간 음원을 만들기에 탁월하여 가상 가수처럼 활동을 하기에도 좋은 음원을 생성해주고, 한국어도 지원이 되는 큰 장점과 함께 퀄리티 또한 매우 좋습니다.

매일 무료 크레딧이 지급되지만, v4 버전 등 고급 음원 기능을 다양하게 쓰려면 월 10,000원 정도의 구독료를 내야 하는 것은 타 음원 생성 플랫폼들에 비해 특별히 비싸지는 않지만, 완전 무료를 원하는 사용자에게는 부담일 수 있습니다.

4분짜리 곡을 제공하다 보니 곡이 자동 반복 재생되는 구조는 자체적으로 지원하지 않습니다. 긴 분량 루프 음악을 만들려면 편집 툴에서 수동으로 이어 붙여야 하는 불편함이 존재합니다. 4분의 맥스 분량 내에서 완곡이 안 되고 끝나는 경우들도 있어서 추가로 확장 생성을 해서 마무리 시켜야 하는 단점도 있습니다.

MMAudio는 커스텀 노드 기반으로, 웹에서도 간단히 사용할 수 있는 사운드 이펙트(SFX) 생성 툴입니다. T2A(Text to Audio)와 V2A(Video to Audio) 기능을 제공해, 효과음을 자동으로 생성하는 매력적인 플랫폼입니다. 원하는 효과음을 프롬프트로 작성하면, MMAudio가 사운드 파일로 만들어주는데, 예를 들어 A gentle breeze rustling through the leaves나, 독특하고 SF스타일의 효과음을 만들 때는 laser beam shot in futuristic corridor 등 상상적 프롬프트로도 생성이 가능합니다.

가장 큰 장점은 영상을 업로드하면, 화면을 분석해 자연스럽게 어울리는 효과음을 자동으로 생성해준다는 것입니다. 손 동작에 맞춰 버튼 클릭음이나 박자 등 맞추기 어려웠던 부분을 V2A로 해결되고 있습니다. 다만, 영상 길이는 8초 정도로 제한되어 있어서 긴 영상을 처리하려면 여러 파일로 만들어서 이어붙여야 하는 단점도 있습니다.

현재 무료로 사용이 가능하고 저비용으로 사용할 수 있어서, 부담 없이 테스트 해 보기에 매우 좋으며 손쉽게 다양한 SFX 라이브러리를 확보할 수 있기 때문에 초기 비용이 들지 않는다는 장점이 있습니다. V2A 기능에 원하는 프롬프트까지 곁들여, 특정 장면에 맞는 사운드 스타일을 만들어 내기 좋습니다. 예를 들어 Underwater feel + slo-mo 하면, 영상에 물 속 반향음 같은 효과가 적용되어 생성됩니다.

그 외에도 다양한 플랫폼에서 음원 관련 서비스들을 하고 있습니다. 캡컷(Capcut)에서는 다양한 오디오 이펙트 음원뿐 아니라 음악까지도 제공하고 있고 상업적 사용시에도 저작권에 문제가 없는 곡들이 대부분이라 이용하기가 좋습니다. 다만, 곡의 종류나 장르 등이 많지가 않고 간혹 저작권에 문제 있는 곡들이 있어서 확인을 해 보고 사용해야 한다는 단점이 있습니다. 오래 전부터 애용되는 유튜브 오디오 라이브러리에도 다양한 사운드 이펙트와 음악들

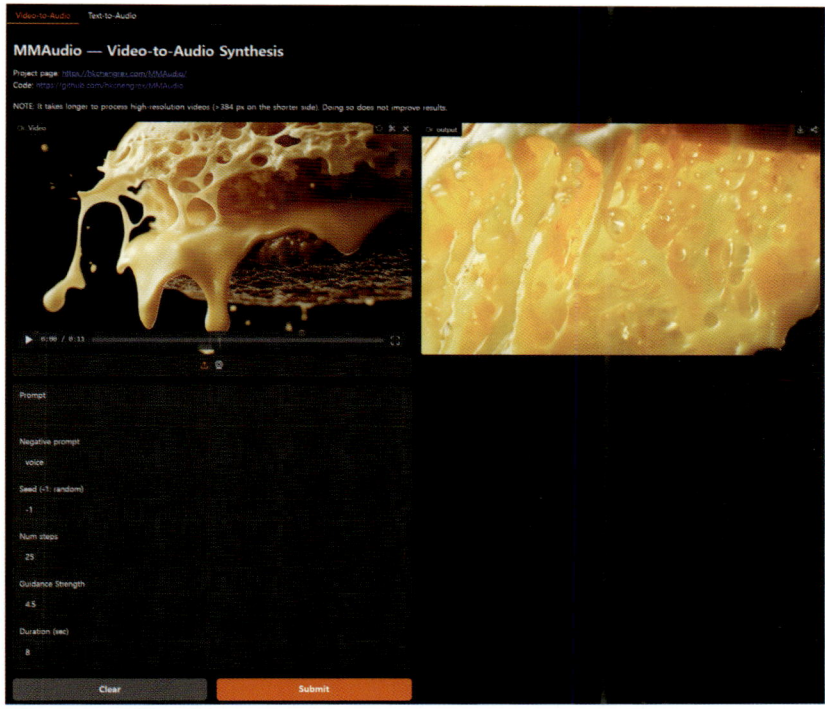

MMAudio 페이지 화면   [MMAUDIO 플랫폼 주소 : https://huggingface.co/spaces/hkchengrex/MMAudio]

을 제공하고 있습니다만, 캡컷처럼 저작권에 관한 부분은 반드시 확인하고 사용하는 것을 추천드립니다.

2. AI 도구, 제대로 써야 고수가 된다

AI 영상 제작할 때 기본적인 프롬프트 및 이미지 기반 제작 방식에 더해 각 플랫폼에서 제공하는 다양한 영상 기능을 적극 활용하면 더욱 매력적인 영상을 만들 수 있습니다. 이를 통해 차별화된 영상 제작이 가능해지고 수익화에도 큰 도움이 될 것입니다.

Runway에서 제공하는 Act One 기능은 업로드하거나 직접 녹화한 동영상을 레퍼런스로 활용하여 해당 영상의 움직임과 표정을 원하는 이미지에 적용하는 기능입니다. 즉, 레퍼런스 영상 속 인물의 표정과 움직임이 선택한 이미지에 그대로 반영되어 자연스럽게 영상으로 제작될 수 있습니다.

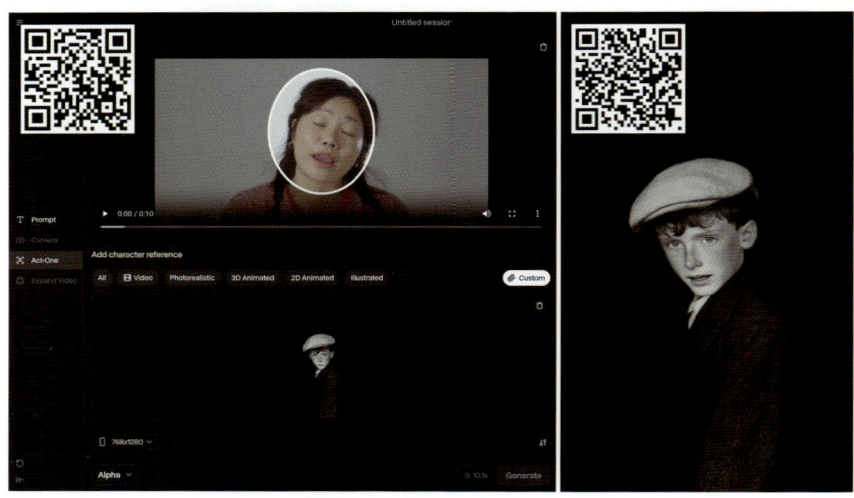

Runway Act-one 실행창과 예시 영상

또 다른 기능인 Expand는 기존 영상의 화면을 자연스럽게 확장하는 기능입니다. 세로 1280×768, 가로 768×1280 해상도로 확장할 수 있으며, 원하는 배경을 프롬프트나 레퍼런스 이미지를 적용해 채울 수도 있습니다. 이를 활용하면 영상의 사이즈 조절이 필요할 때, 여백을 추가할 때, 또는 클로즈업 영상을 풀샷으로 변환할 때도 동일성을 유지하면서 자연스러운 영상을 제작할 수 있습니다.

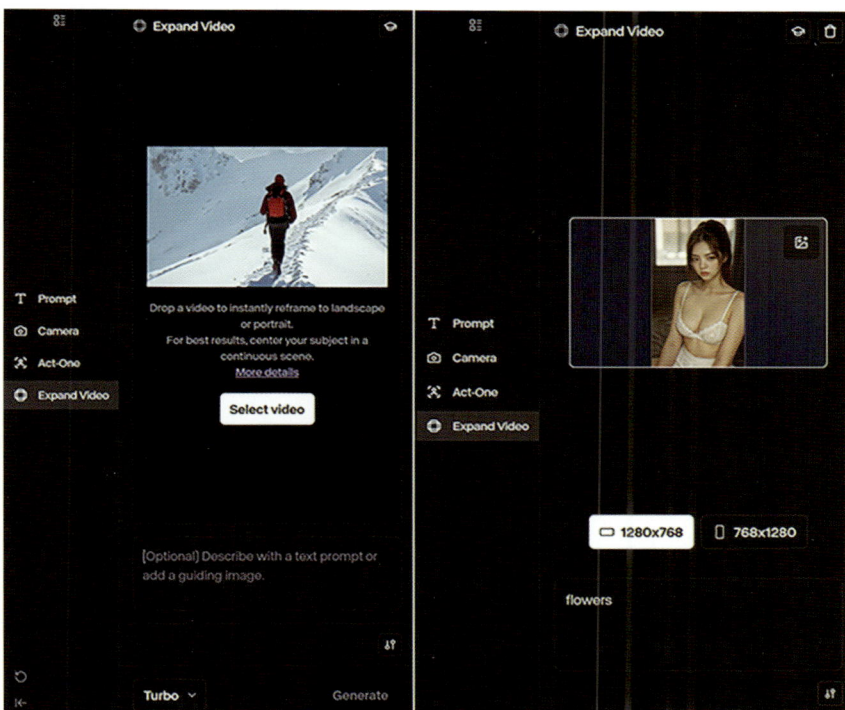

Runway Expand 실행 창과 예시 영상

초기에 Pika 플랫폼에서만 제공되던 자르기, 부풀리기, 접기, 떼어내기 등의 미리 설정된 영상 Effect 효과도 Kling 등 다양한 플랫폼에서도 지원되고 있습니다.

이러한 기능을 활용하면 클릭 한 번으로 다양한 시각적 효과를 손쉽게 생성할 수 있어서 쉽게 접근하고 시선을 끌 수 있는 재미있는 영상을 제작할 수 있습니다.

Effect 효과 리스트 창과 예시 영상

또한, 여러 카테고리(인물, 의상, 배경, 소품 등)의 이미지를 입력하기만 해도 자동으로 이를 조합해서 원하는 동작의 프롬프트에 맞춰 자동으로 영상을 생성해 주는 기능도 많이 활용되고 있습니다. 이를 이용하면 보다 편리하게 합성 영상을 제작할 수 있습니다.

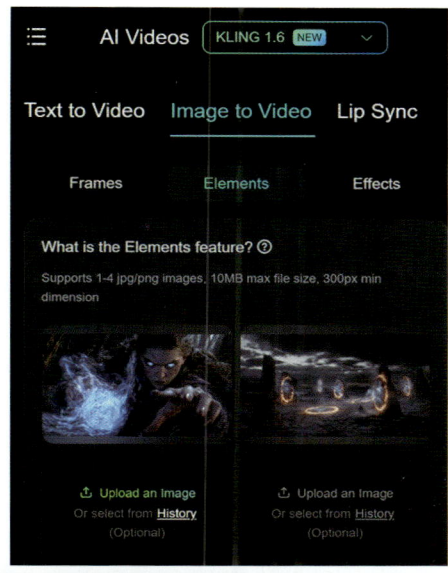

Kling, pika 입력 창과 예시 영상

그리고 인물의 사진 1장을 넣고 원하는 영상 프롬프트를 기입하여 생성하면 인물의 일관성을 유지하면서 영상을 생성해주는 Hailou의 S2V도 상당히 효과적인 기능으로 쓰이고 있습니다.

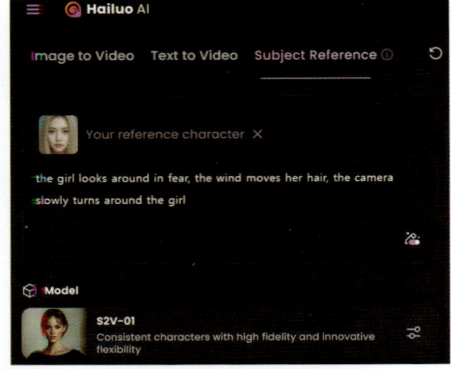

S2V 입력창과 예시 영상

초창기에는 단순히 처음과 끝 장면을 부드럽게 연결하는 기능으로만 사용했던 Keyframe 효과를, 이제는 다양한 아이디어를 접목하여 두 장의 이미지를 자연스럽게 전환하는 트랜지션 효과처럼 활용하는 추세입니다.

한 장의 사진으로 프롬프트를 입력하여 영상을 생성할 경우에는 다음 장면이 어떻게 나올지 컨트롤하기 어려울 수 있습니다. 이럴 때 Keyframe 기능을 활용하면 영상의 흐름을 좀 더 효과적으로 조절할 수 있습니다. 이 기능은 Kling, Pika뿐만 아니라 Runway에서도 지원되는데, 특히 Runway는 3컷까지 적용할 수 있어서 더욱 정교한 카메라 무빙 컨트롤이 가능합니다.

Keyframe을 사용할 때는 자연스럽게 연결될 수 있는 컷을 선택하는 것이 중요합니다. 완전히 다른 두 장의 이미지를 사용하면 좀 더 다이내믹한(버라이어티한) 연출이 가능하지만, 간혹 이미지가 자연스럽게 이어지지 않고 튀는 현상이 발생할 수 있으므로 주의가 필요합니다.

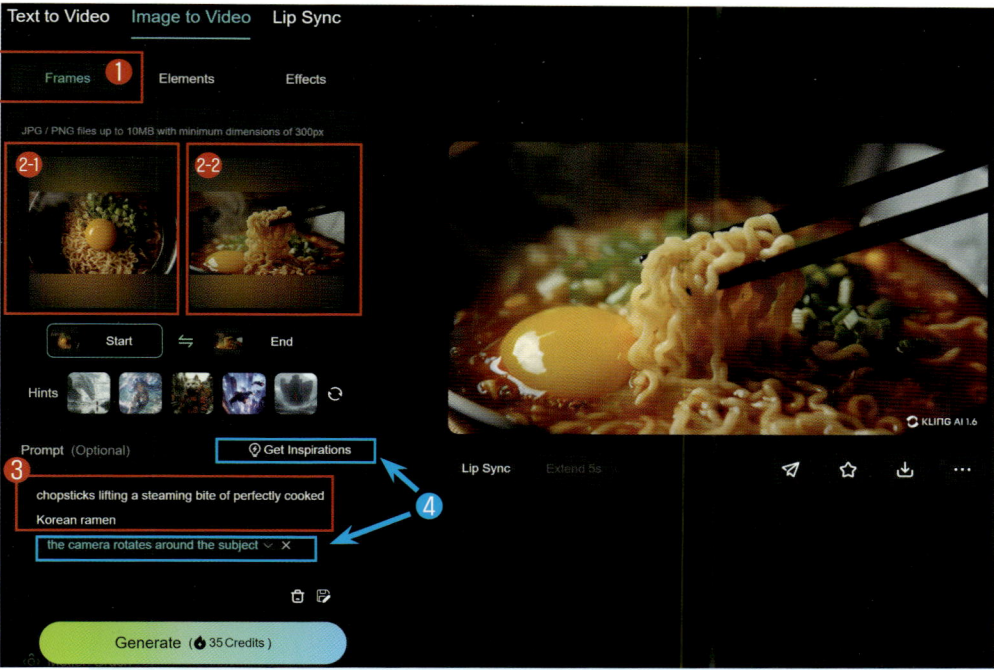

1. Frames 탭 선택
2-1. Start 이미지 업로드 – 영상을 시작하고자 하는 이미지
2-2. End 이미지 업로드 – 영상이 끝날때 보여주는 이미지
3. 프롬프트 작성 (동작위주로 설명)
4. 카메라 무빙 설정 (크게 적용은 되지 않음)

Keyframe 예제 영상

앞에서도 언급했듯이 현재 AI 영상 플랫폼 업계는 말 그대로 기능 전쟁을 벌이고 있습니다. 매일같이 새로운 기능이 추가되고, 새로운 플랫폼이 생겨나고 있습니다. 기존 기능도 업데이트되는 상황이라서 하나의 플랫폼만 고집하다 보면, 원하는 결과물을 얻기 어려워질 수 있습니다. 따라서 다양한 플랫폼들이 제공하는 기능들과 장단점을 알아두는 것이 필수입니다.

이렇게 각 플랫폼의 장단점을 파악하면, 특화된 기능과 요금제가 서로 다르다는 점을 이해하고 주어진 프로젝트(광고, 뮤직비디오, 다큐 등)에 가장 적합한 플랫폼을 선택할 수 있습니다. 이를 통해 더 좋은 결과물을 얻을 수 있을 뿐만 아니라 시간과 비용을 더욱 효과적으로 운영할 수 있게 됩니다.

최근에는 단일 기능을 제공하는 플랫폼뿐만 아니라, 다양한 디자인 템플릿과 이미지/영상 편집 기능을 함께 지원하는 멀티 플랫폼도 지속적으로 등장하고 있습니다. 예를 들어, Krea는 자체 AI 기능으로 기본적인 이미지/영상 편집부터 로고, 배너 제작까지 지원하는 범용성이 높은 플랫폼입니다. 다만, 고퀄리티의 결과물을 제공하는 만큼 비용이 다소 높은 편입니다.

본래 틱톡의 모회사 바이트댄스가 개발한 모바일 영상 편집 툴로 시작했으나, 현재는 PC 버전까지 지원하는 캡컷(Capcut)도 주목할 만합니다. 이 플랫폼은 자동 자막 생성, AI 기반 배경 제거, 음성 합성 등의 기능을 제공하며, SNS 숏폼 영상 제작에 강점이 있습니다. 직관적인 인터페이스 덕분에 초보자도 쉽게 사용할 수 있으며, 모션 트래킹 및 템플릿 기능을 활용하면 다양한 효과를 손쉽게 적용할 수 있습니다. 이 외에도, 그래픽 디자인 툴로 유명한 캔바(Canva) 역시 최근 영상 편집 기능을 강화했습니다. 간단한 드래그 앤 드롭 방식으로 슬라이드쇼, SNS 영상, 광고 동영상을 제작할 수 있게 되어서 디자인과 영상 편집을 함께 진행하기에 적합합니다.

또한, 원래 AI 이미지 생성 플랫폼이지만, 글자/타이포그래피 등 텍스트 기반 아트에 강점을 가진 Ideogram도 일부 사용자들이 활용하고 있습니다. 이 플랫폼에서 제작한 텍스트 이미지나 애니메이션을 영상 편집 툴과 결합해 창의적인 영상을 제작하는 사례가 점점 늘어나고 있습니다.

이처럼 이제는 단일 플랫폼만으로는 효과적인 영상 제작이 어려울 수 있기 때문기에 다양한 플랫폼을 혼합하여 사용하는 것이 필수적인 시대가 되었습니다.

AI 영상 제작은 아직 완벽하지 않습니다. 그래서 이를 보완해야 하는 과정이 반드시 필요합니다. 특히, AI로 생성된 영상은 종종 픽셀 깨짐이나 해상도 저하가 발생하기 쉬워서 최종 업스케일링을 통해 선명한 퀄리티를 확보하는 것이 필수적입니다. 예를 들어, 미디어 아트, 영화제 출품작 등 대형 스크린에서 재생해야 하는 경우, 영상이 뭉개지지 않도록 해상도를 높여야 합니다. 가장 많이 사용되는 업스케일링 프로그램 중 하나가 Topaz이며, 기존 720p 영상을 4K 이상으로 변환하는 기능을 제공합니다. 이 툴은 노이즈 제거, 프레임 보간, 디테일 복원 등을 수행하여 고해상도 영상 제작에 최적화되어 있습니다. 특히, GPU 사양이 좋을수록 작업 속도가 빨라지고 결과물도 더욱 안정적으로 유지될 것입니다.

이 외에도, HitPaw, AVCLabs Video Enhancer AI, 그리고 주로 애니메이션 영상에 특화된 Waifu2x 등 다양한 업스키일링 프로그램이 존재하므로 본인의 프로젝트에 맞춰 적절한 툴을 선택하는 것이 좋습니다. 최근에는 웹 기반으로 업스케일링을 제공하는 플랫폼도 등장했습니다. 시스템 사양이 부족한 경우 웹 기반 서비스를 활용하는 것도 좋은 방법입니다

03

AI 영상의 미래와

수익화 마케팅 전략

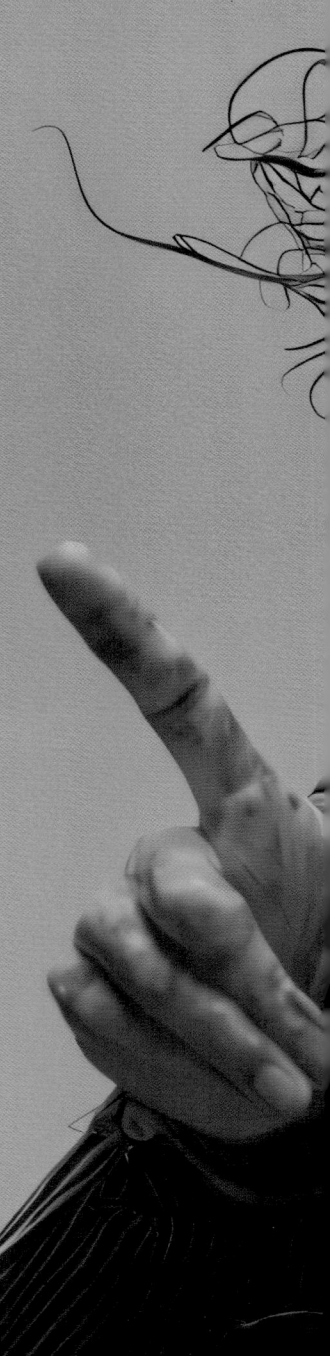

1. 영상 제작의 미래를 엿보다

AI는 이미 텍스트 생성과 이미지 생성 단계를 넘어, 영상 생성 기술로 빠르게 진화하고 있습니다. 초기에는 많은 사람들이 "과연 AI가 영상까지 만들어낼 수 있을까?"라는 의문을 가졌지만, 현재 AI는 다양한 광고, 단편 영화, 뮤직비디오, SNS 숏폼 콘텐츠까지 실제 영상 제작에 적극적으로 활용되고 있습니다.

2025년 3월 영상 분야의 트렌드를 보면, 일부 기업들은 이미 AI 도입을 통해 작업 효율을 높이며 인력 감축을 진행하고 있으며, 개인 크리에이터들 역시 AI 영상을 활용해 과거에는 상상하기 어려웠던 고퀄리티 콘텐츠를 제작하고 수익화하는 사례가 증가하고 있습니다.

과거 이미지 생성 기술이 폭발적인 파급력을 일으킨 것을 고려하면, 영상 생성 기술의 파급력은 그 몇 배 이상 클 것이라는 견해가 많습니다. 가상 아이돌, 버추얼 패션쇼, AI 뉴스 진행자 등 SF에서나 가능할 것 같았던 미래형 콘텐츠가 이미 실현되고 있으며, 앞으로 이러한 기술의 전방위적 확장이 예상됩니다. 과거에는 영상 제작을 위해 고가의 촬영 장비, 전문 인력, 고도의 편집 기술이 필수적이었지만, AI 기술 덕분에 이 장벽이 크게 낮아졌습니다. 이제는 아이디어만 있다면 전문적인 촬영 없이도 브랜드 광고, 애니메이션, 뮤직비디오 등을 제작하여 새로운 수익을 창출할 수 있는 시대가 되었습니다.

1인 방구석 영화 제작사 상상도 예시 이미지

이제는 컴퓨터만 있으면 어디에서든 고가의 촬영 장비, 수많은 인력, 화려한 세트장이 마련된 촬영장에서 일하는 감독, 촬영감독, 심지어 배우의 역할까지도 AI를 통해 구현할 수 있는 시대가 되었습니다.

1. AR·VR과의 융합, 그리고 무한 확장성

AI 영상 시장의 미래는 AR(증강현실)/ VR(가상현실)과의 결합으로 발전하리라 생각합니다. 현재 AR/VR 기술은 이미 게임 및 엔터테인먼트 업계에서 일부 활용되고 있지만, AI와 결합되면 실시간 대화형 가상 세계가 구현될 가능성이 더욱 커질 것입니다. 예를 들어, VR 공간에서 AI가 자동으로 배경, 인물, 사물을 합성하여 인터랙티브한 스토리를 생성하거나, 사용자의 음성 명령에 따라 가상 연출이 실시간으로 변경되는 형태도 가능해질 수 있습니다. 또한, 영상의 고해상도화 및 실사 같은 디테일이 점점 향상됨에 따라 AR 글래스나 VR 헤드셋을 통해 몰입감이 극대화된 체험형 영상이 더욱 증가할 것입니다.

이러한 시장의 확대와 새로운 시장의 발전은 AR/VR과 AI가 만나는 지점에서 개인/소규모 팀도 대형 스튜디오급 경험을 제작할 수 있고, 이를 통해 게임, 교육, 원격 협업 분야 등 다양한 산업에서 혁신이 기대되고 있습니다.

2. 글로벌 무대로의 확장

AI 영상은 다국어 자막 및 실시간 번역 기능을 손쉽게 결합할 수 있습니다. 해외 시청자들에게도 즉각적인 어필이 가능하며 글로벌 시장으로의 확장이 더욱 용이해졌습니다. 영어로 제작된 영상을 AI 번역으로 스페인어, 프랑스어 등 다국어 버전으로 동시에 배포하면 글로벌 팬층 확보가 한층 수월해질 수 있고, K-POP과 K-DRAMA 등 한류 콘텐츠가 전 세계적으로 큰 인기를 얻고 있는 상황에서 AI 영상을 접목하면 새로운 팬덤 기회가 더욱 확대될 것입니다.

실제 K-POP 아이돌의 AI 뮤직비디오와 AR 콘서트 등이 이미 일부 시도되면서 크리에이터와 팬 간의 소통 방식이 더욱 다채로워질 것으로 예상됩니다. AI 작업 프로세스가 온라인을 중심으로 이루어지기 때문에 같은 국가나 도시에 모이지 않아도 글로벌 협업이 더욱 수월해져서 다양한 콜라보레이션 콘텐츠가 탄생하고 있습니다.

2. AI 영상 수익화를 위한 마케팅

1. SNS 및 영상 플랫폼을 활용한 바이럴 마케팅

바이럴(Viral) 마케팅이란, 콘텐츠가 짧은 시간 안에 SNS나 영상 플랫폼(유튜브, 틱톡 등)을 통해 폭발적으로 확산되는 현상입니다. AI 영상을 활용하면, 콘텐츠 제작 속도가 빠르고 독창적인 영상물을 상대적으로 적은 비용으로 시청자의 이목을 사로잡는 강력한 도구가 될 수 있습니다. 현재 SNS와 영상 플랫폼은 수많은 창작물로 포화 상태이지만, AI로 생성된 영상은 여전히 신선한 느낌을 줄 수 있기 때문에 짧은 시간 안에 많은 사람들에게 매력적으로 어필할 수 있습니다.

예를 들어, 독창적인 캐릭터 애니메이션이나 가상 공간에서 펼쳐지는 영상은 시청자에게 새로운 시각적 경험을 제공할 뿐만 아니라, 브랜드 혹은 크리에이터의 개성을 강하게 각인시키는 효과가 있습니다. 또한, 브랜드의 핵심 메시지를 담은 짧은 영상(15~30초)을 AI 애니메이션, 페이스스왑 등의 기술과 결합해 틱톡이나 인스타그램 릴스(Reels)로 배포하면, 빠르게 관계자들에게 노출될 수 있으며, SNS 해시태그와 연계하면 가상의 브랜드로부터 마케팅 홍보 제안을 받을 가능성도 높아집니다.

2. AI 영상 기반 서비스 및 수익 모델 구축

AI 영상을 활용한 가장 직접적인 수익 모델은 브랜드, 개인 크리에이터 등 다양한 고객을 대상으로 맞춤형 영상 제작 서비스를 제공하는 것입니다. 맞춤형 영상 제작을 강조하면 다양한 고객층을 확보할 수 있고, 고객들은 빠른 시간 안에 브랜드 광고나 프로모션 영상을 제작할 수 있어서 B2C 시장에서도 충분한 경쟁력을 가질 수 있을 것입니다.

기업 또는 개인이 쉽게 AI 영상 제작을 활용할 수 있도록 월 구독료를 지불하고 AI 영상 제작 툴을 사용할 수 있는 'SaaS형 비즈니스 모델'로 확장할 수도 있습니다. 구독자는 자신에게 필요한 영상을 지속적으로 제작할 수 있으며, 이를 통해 서비스 운영자는 고정적인 수익 창출이 가능합니다. 뿐만 아니라, AI 영상 제작을 통해 생산된 콘텐츠가 유튜브, 틱톡 등에서 높은 조회수를 확보하면, 광고 수익 일부가 플랫폼과 제작자(또는 광고주)에게 배분되는 형태로 시장이 확장될 수 있습니다. 크리에이터 이코노미(Creator Economy)가 성장하면서 AI 영상 기반의 다양한 수익 모델들이 나타날 것입니다.

3. AI 영상이 필요한 확장된 산업에 집중 타겟팅

현재 온라인 강의나 튜토리얼 영상제작 수요가 급증하고 있습니다. AI 캐릭터를 활용한 가상 강사나 시각자료 자동생성 등이 이미 일부 서비스에서 시도되고 있습니다. 빠른 영상 제작과 반복 가능성, 다국어 지원 등의 장점이 있어, 글로벌 교육 시장에서도 잠재력이 높습니다.

또한 게임 트레일러, 시네마틱 영상, 가상 아이돌 · 버추얼 휴먼 등 고품질 그래픽이 필요한 분야에서 AI 영상 기술은 획기적인 결과물을 낼 수 있습니다. 캐릭터 생성(모델링) 또는 시네마틱 컷신 제작 비용을 크게 줄일 수 있어서 중소형 게임사도 대형 게임사와 유사한 수준의 트레일러 영상을 만들 수 있습니다.

게임 트레일러 스타일 예시 이미지

짧은 바이럴 영상부터 전문적인 브랜드 필름까지, 다양한 형태로 AI를 활용하여 광고/홍보 영상을 제작할 수 있습니다. 영상 내 특정 인물의 얼굴 합성(페이스 스왑 활용)이나 실제 촬영 없이 상상 속 배경을 구현하는 등 기존 광고 제작의 한계를 뛰어넘는 접근이 가능합니다.

음식 광고 스타일 예시 이미지

건설사나 인테리어 업체가 가상 시뮬레이션 영상을 통해 건물 내부·외부를 미리 체험하게 할 수 있습니다. 3D 모델링·시각화 비용이 줄어들고, 현실감 높은 랜더링 영상을 빠르게 생성할 수 있어 고객을 설득하기가 쉽습니다.

부동산 인테리어 스타일 예시 이미지

3. 창작의 경계를 넘어, AI와 함께 새로운 기회로!

과거에는 영상을 제작하려면 직접 촬영하고, 편집과 합성을 거쳐야 비로소 "내가 창작했다"는 자부심을 느낄 수 있었습니다. 그러나 이제는 AI가 영상 제작 과정의 대부분을 담당하고 있습니다. 텍스트 입력만으로도 AI가 편집, 합성, 효과음 삽입 등 여러 단계를 자동으로 수행하면서, 창작자는 기획과 최종 디렉팅에 집중하는 것만으로도 창작자로 인정받을 수 있는 시대가 되었습니다. 물론, AI가 특정 스타일을 그대로 복제하거나, 원저작물을 무단으로 학습해 유사한 결과물을 만들어내는 과정에서 저작권 및 윤리적 논란이 여전히 존재합니다. 그럼에도 불구하고, AI는 영상/음향을 넘어 스토리, 캐릭터 디자인, 음악, 더빙까지 한 번에 통합할 수 있는 토털 크리에이티브 시스템으로 빠르게 확산되고 있습니다. 이제 사용자가 독창적인 컨셉을 제시하면, AI가 자동으로 구현해 주는 시대가 도래한 것입니다.

"어디까지를 인간의 창작으로 볼 것인가?", "AI가 어느 정도 기여했을 때 저작권을 인정해야 하는가?" 등의 논란이 계속되고 있습니다. 이는 동시에 창작의 개념이 얼마나 빠르게 변화하고 있는지를 보여주는 사례이기도 합니다. 과거에는 현장에서 직접 촬영하고 편집해야만 영상을 구현할 수 있었다면, 이제는 디지털 환경에서 아이디어만 명확히 정리하면 AI가 구현 과정을 돕는 방식으로 변화하고 있습니다. 이러한 흐름 속에서 우리는 AI 활용에 대해 거부감이나 두려움을 갖기보다는 AI를 올바르게 이해하고 자신만의 철학을 바탕으로 적극적으로 활용하는 태도를 지니는 것이 중요합니다. AI로 제작된 콘텐츠가 폭발적으로 증가하면, 누구나 손쉽게 만든 '평범한' 영상이 넘쳐나게 되겠지만, 역설적으로 차별화된 콘텐츠가 더욱 돋보이는 시대가 될 것입니다.

결국 AI를 어떻게 활용하느냐는 "어떤 스토리를 어떤 연출로 표현하느냐"에 달려 있으므로, 기획력과 디렉팅 감각이 그 어느 때보다 중요합니다. 즉, AI를 활용한다고 해서 누구나 훌륭한 결과물을 쉽게 얻는 것은 아니며, 전문적인 연출 능력과 결합했을 때만이 독창적이고 매력적인 영상이 탄생할 수 있을 것입니다.

AI로 만든 영상/이미지를 꾸준히 축적해서 'AI 크리에이터 포트폴리오'로 발전시킨다면, 더 큰 프로젝트나 브랜드 협업을 진행할 때 'AI 영상 감독'으로서의 위상을 높일 수 있습니다. 궁극적으로는 기획/연출 등 인간적인 역량과 AI 기술 이해가 결합될 때 가장 큰 시너지가 발휘된다는 사실을 기억해야 합니다.

이러한 흐름 속에서 전통적인 영상 스튜디오들은 AI 활용에 대해 기대와 우려를 동시에 갖고 있습니다. 촬영 감독이나 조명·음향 전문가처럼 물리적 현장 경험과 노하우가 중요한 분야는 단숨에 대체하기 어려운 반면, 후반 편집이나 합성·애니메이션처럼 디지털 기반의 작업들은 AI가 상당 부분을 담당하게 될 것이라는 전망이 나오고 있습니다. 이는 기존 인력 구조의 변화나 인력 수요 감소로 이어질 수 있다는 우려로도 연결됩니다.

AI 활용에 능숙한 신인 창작자들은 적은 비용으로도 고퀄리티 영상을 제작하며 인디 시장 등에서 주목받고 있지만, 그만큼 영상 콘텐츠의 전반적인 가치가 하락할 가능성이 있다는 우려도 제기되고 있습니다. 단순히 "AI를 활용하면 제작비가 절감된다"는 식의 접근보다는 오히려 'AI + 현업 전문가' 협업을 통해 높은 품질과 효율성을 동시에 충족시키는 새로운 파트너십을 구축해야 한다는 의견이 설득력을 얻고 있습니다. AI가 전통 제작 분야의 경쟁자가 아니라, 인간 창작자를 보조하며 함께 발전하는 도구로 자리 잡아야 한다는 시각입니다.

AI 영상 기술은 기존 시장에 없던 다양한 서비스와 제품을 탄생시킬 수 있으며, 먼저 시도하는 플레이어가 시장을 선점할 가능성이 높습니다. 핵심은 '누가 기술을 더 잘 활용하느냐'가 아닌 '어떤 독창적인 아이디어로 차별화하느냐'에 있습니다. 기술적 한계가 점차 사라지고, 글로벌 플랫폼에서 콘텐츠가 즉시 공유/소비될 수 있는 환경이 조성되면서, 영상 제작 분야는 더욱 빠른 속도로 세분화되고 다변화될 전망입니다.

이제는 누구나 AI를 손쉽게 활용할 수 있는 시대가 되었기에 작은 스튜디오나 개인 창작자도 막대한 장비나 대규모 인력이 필요했던 프로덕션급 결과물을 비교적 저렴하고 빠르게 제작할 수 있습니다. 단순히 '비용 절감'의 차원을 넘어서 기획력과 창의성을 갖춘 사람들에게 훨씬 더 폭넓은 기회를 제공하는 환경이 마련되었다는 의미이기도 합니다. 과거에는 자본 부족으로 인해 포기해야 했던 프로젝트나 실험적인 아이디어도 이제는 AI를 활용해 충분히 실현할 수 있으며 글로벌 시장에서 단번에 주목받을 가능성이 높아진 것입니다.

이러한 흐름 속에서 "왜 우리는 AI 영상을 만들고, 동시에 수익성이 있는 영상을 추구해야 하는가?"라는 질문이 자연스럽게 떠오릅니다. 이에 대한 답은 명확합니다. 아무리 뛰어난 기술로 독창적인 영상을 제작하더라도, 이를 지속 가능한 비즈니스 모델로 연결하지 못한다면 창작 활동을 계속 이어가기 어렵고, 더 많은 시도와 실험을 할 기회 또한 제한될 수밖에 없기 때문입니다. 단순히 영상을 만드는 것을 넘어, 차별화된 기획력과 전략적인 수익 모델을 구축해야만 AI 크리에이터로서 지속적으로 성장할 수 있고, 이는 창작 생태계를 유지/발전시키는 데 중요한 요소가 된다고 생각합니다.

정리하며

　AI 영상 시대는 이제 막 시작되었고, 무궁무진한 가능성을 품고 있습니다. 누구나 쉽게 시작할 수 있는 만큼, 그 속에서도 두각을 나타내고 꾸준한 수익을 창출하려면 독창적인 발상과 탄탄한 비즈니스 모델이 필수적입니다. 수익 기반이 없다면 영상 제작 활동을 지속하기 어려울 뿐만 아니라, 자유로운 창작 환경도 위축될 수 있습니다. 따라서 'AI 영상으로 돈을 번다'는 것은 단순한 경제적 목표를 넘어, 창작 생태계를 건강하게 유지하는 핵심 요소로 작용하게 될 것입니다.

　빠르게 변화하는 기술 환경 속에서도 흔들림 없이 성장하려면, 이 기회를 적극적으로 활용하여 자신만의 색깔과 예술적 비전을 확립하고, 이를 효과적으로 비즈니스와 연결하는 전략을 마련해야 합니다. 무한한 가능성과 해결해야 할 과제가 공존하지만 이를 현명하게 활용하는 사람에게는 창작과 수익이 공존하는 새로운 기회가 열릴 것입니다.

　이 글에서 소개한 AI 영상 제작 방법과 플랫폼 활용 아이디어가 독자 여러분의 미래 프로젝트에 실질적인 도움이 되길 바라며, AI 영상 시대에서 자신의 창작 노하우를 쌓아 수익과 예술적 성취를 동시에 이루시길 기원합니다. AI 영상은 이제 더 이상 먼 미래의 이야기가 아닙니다. 누구나 탐구하고 개척할 수 있는 무한한 가능성의 영역임을 잊지 마시기 바랍니다!